Kai Lian

Rituales de la Unidad
Estudio de Li en el Pensamiento Confuciano

Copyright
Título Original: Rituais da Unidade
Copyright © 2024 por Luiz Antonio dos Santos
Todos los derechos reservados a Booklas.com

Este libro es una obra filosófica y cultural que explora el pensamiento confuciano y sus aplicaciones en el mundo contemporáneo. Basado en estudios profundos, referencias históricas y análisis culturales, su contenido busca ofrecer una reflexión transformadora. Esta publicación está destinada al estudio, desarrollo personal y enriquecimiento intelectual y no sustituye el asesoramiento profesional, terapéutico o académico.

Equipo de Producción
Traducción y Adaptación: Fernan Gutierrez
Editor: Luiz Antonio dos Santos
Consultoría Filosófica y Cultural: Jian Wong, Mei Chen, Sakura Ishikawa
Revisión de Texto: Armando Sanchez
Diseño Gráfico y Maquetación: Luisa Benítez
Diseño de Portada: Estudio Booklas / Gabriel Fonseca
Publicación e Identificación
Rituales de la Unidad / Por Kai Lian
Booklas, 2024
Categorías: Filosofía. Historia. Cultura China. Desarrollo Personal.
I. Lian, Kai. II. Benítez, Luisa. III. Título.
DDC: 181.112 - CDU: 181.1

Todos los Derechos Reservados
Editorial Booklas
Calle José Delalíbera, 962
86.183-550 – Cambé – PR – Brasil
Correo electrónico: soporte@booklas.com
Sitio web: **www.booklas.com**

Contenido

Prólogo 6
Capítulo 1 Orígenes Antiguos 8
Capítulo 2 Maestro Eterno 12
Capítulo 3 Pensamiento Fundamental 16
Capítulo 4 Contexto Social 20
Capítulo 5 Influencias Culturales 24
Capítulo 6 Textos Clásicos 28
Capítulo 7 Escuela Confuciana 32
Capítulo 8 Tradición Filosófica 36
Capítulo 9 Virtud Esencial 40
Capítulo 10 Humanidad Verdadera 44
Capítulo 11 Justicia Natural 48
Capítulo 12 Ritos Sagrados 52
Capítulo 13 Sabiduría Práctica 56
Capítulo 14 Confianza Mutua 60
Capítulo 15 Armonía Universal 64
Capítulo 16 Orden Natural 68
Capítulo 17 Jerarquía Social 72
Capítulo 18 Piedad Filial 76
Capítulo 19 Lazos Familiares 80
Capítulo 20 Relaciones Gubernamentales 84
Capítulo 21 Amistad Virtuosa 88
Capítulo 22 Respeto Mutuo 91
Capítulo 23 Responsabilidad Social 94

Capítulo 24 Armonía Familiar 98
Capítulo 25 Cultivo Personal 101
Capítulo 26 Estudio Constante 104
Capítulo 27 Aprendizaje Moral 108
Capítulo 28 Conocimiento Práctico 112
Capítulo 29 Desarrollo Intelectual 116
Capítulo 30 Formación Integral 120
Capítulo 31 Ejemplo Moral 124
Capítulo 32 Sabiduría Aplicada 128
Capítulo 33 Política Virtuosa 132
Capítulo 34 Liderazgo Moral 136
Capítulo 35 Orden Social 140
Capítulo 36 Administración Pública 144
Capítulo 37 Bien Común 148
Capítulo 38 Justicia Gubernamental 152
Capítulo 39 Armonía Política 156
Capítulo 40 Reforma Social 160
Capítulo 41 Rituais Prácticos 164
Capítulo 42 Conducta Diaria 168
Capítulo 43 Etiqueta Social 172
Capítulo 44 Práctica Moral 176
Capítulo 45 Cultivo Espiritual 180
Capítulo 46 Harmonia Personal 184
Capítulo 47 Disciplina Individual 188
Capítulo 48 Sabiduría Cotidiana 192
Capítulo 49 Influencia Global 196
Capítulo 50 Modernidad Confucianista 200

Capítulo 51 Diálogo Cultural 204
Capítulo 52 Desafíos Contemporáneos 208
Capítulo 53 Legado Eterno 212
Epílogo 216

Prólogo

El caos que moldea y desfigura la historia, los conflictos que corroen el alma colectiva de una civilización, y las verdades que permanecen ocultas bajo el velo del tiempo... Este es el terreno fértil donde germinan ideas transformadoras. Estás a punto de iniciar un viaje único, que trasciende los límites de la comprensión común e invita al descubrimiento de un fundamento eterno de armonía.

El libro que sostienes en tus manos no es solo una obra sobre un período convulso de la antigua China. Es un espejo que refleja cuestiones universales, atravesando las barreras del tiempo y el espacio. Cada página lleva el peso de siglos de sabiduría, condensada en conceptos que desafían las normas, que resuenan en las fibras más profundas de tu ser. No es un texto académico frío; es una invitación a la trascendencia, una oportunidad para reconectarte con valores que pueden transformar vidas, sociedades y la propia esencia de lo que significa ser humano.

Imagínate viviendo en un tiempo donde cada acción era un ritual, y cada ritual, un vínculo con el cosmos. En este contexto, el desorden político y la decadencia moral no eran solo desafíos sociales, sino gritos de una humanidad desconectada de lo que la hacía completa. Fue en este escenario donde un hombre, Confucio, y una filosofía, el confucianismo, emergieron como respuestas a un vacío existencial. Pero no pienses que el confucianismo pertenece al pasado. Resuena en la modernidad, señalando caminos en un mundo igualmente caótico y fragmentado.

Este libro es más que una narrativa histórica o filosófica; es un manual para la reconstrucción de un equilibrio perdido. Las ideas de Confucio no se limitan a una era o a un pueblo; dialogan con las aspiraciones de quien busca armonía en medio del caos moderno. Es para ti, que deseas comprender el poder de los rituales como vehículos de transformación, la importancia de la virtud como fuerza unificadora y la relevancia de un liderazgo ético en tiempos de crisis.

Al sumergirte en las páginas que siguen, encontrarás lecciones que trascienden los dogmas. Las ideas aquí presentadas no imponen; iluminan. ¿Qué es la justicia sino un reflejo de la armonía interior? ¿Qué son los rituales sino herramientas para alinear al ser humano con lo trascendente? ¿Y la virtud, tan explorada y muchas veces olvidada, qué puede ser más que el camino que une la moral individual con el bienestar colectivo?

Si sientes que falta algo esencial en la manera en que opera el mundo, este libro es tu respuesta. No promete soluciones fáciles o rápidas. Al contrario, exige que enfrentes las complejidades de la existencia y la moralidad con valentía y profundidad. Pero ofrece algo raro: una oportunidad de ver más allá de lo visible, de cuestionar los fundamentos de lo que consideras como verdad y de transformar esa búsqueda en una práctica viva.

No hay casualidad en el hecho de que estés aquí, ahora, sosteniendo este libro. Hay una razón por la cual ha llegado a tus manos, y hay un llamado silencioso en sus páginas, esperando ser respondido. ¿Aceptarás el desafío? Las páginas están abiertas, y el viaje comienza.

Capítulo 1
Orígenes Antiguos

El inicio de la antigua China está envuelto en un velo de complejidad, donde el poder, la filosofía y la supervivencia se entrelazaban en una danza perpetua. Durante el período conocido como los Estados Combatientes, entre los siglos V y III a.C., la fragmentación política y el constante conflicto definieron la existencia diaria. La tierra estaba dividida entre varios estados en guerra, cada uno luchando por la supremacía en un territorio que alguna vez había sido unificado bajo los ideales del Mandato del Cielo. Este colapso de la centralidad dinástica dio lugar a una era de experimentación filosófica, en la que las mentes más brillantes buscaron desesperadamente un camino hacia la estabilidad y la armonía.

En este contexto caótico, los ideales que más tarde formarían el confucianismo comenzaron a tomar forma. La constante lucha entre estados no solo era militar, sino también cultural y económica. Los gobernantes adoptaban estrategias que oscilaban entre la tiranía y la benevolencia, intentando controlar tanto las fuerzas externas como internas. Mientras los ejércitos devastaban campos y ciudades, los campesinos sufrían bajo una carga implacable de impuestos y trabajo forzado, dando lugar a una miseria generalizada que clamaba por un cambio profundo.

La estructura social de la época, basada en clanes familiares y jerarquías rígidas, empezó a mostrar grietas. Las familias, pilares fundamentales de la antigua China, enfrentaban presiones externas que amenazaban con desintegrarlas, mientras que las antiguas tradiciones rituales parecían incapaces de contener la creciente ola de desesperación y caos. Sin embargo, estas mismas tradiciones, arraigadas en el respeto a los ancestros y la veneración del Cielo, contenían las semillas de una nueva visión.

El Mandato del Cielo, una creencia profundamente arraigada en que los gobernantes obtenían su legitimidad de las fuerzas divinas, también marcaba la posibilidad de su caída. Los constantes cambios de poder entre los estados enfatizaban la necesidad de restaurar no solo la autoridad, sino también un equilibrio moral. Este período de inestabilidad abrió espacio para que surgieran nuevas ideas, aquellas que buscaban reconciliar el orden cósmico con las complejidades terrenales.

Las transformaciones económicas jugaron un papel crucial en este despertar intelectual. La aparición de la moneda como medio de intercambio y la expansión del comercio llevaron a un dinamismo que erosionó las antiguas bases feudales. Los mercaderes y artesanos comenzaron a ganar influencia, desafiando las nociones tradicionales de poder concentrado en la aristocracia terrateniente. Este cambio en las dinámicas sociales creó un terreno fértil para cuestionar las viejas normas y buscar nuevas formas de cohesión social.

La vida cotidiana de los campesinos, soldados y artesanos giraba en torno a un ciclo interminable de lucha y supervivencia. Sin embargo, en las cortes de los estados combatientes, los eruditos y filósofos debatían sobre cómo restaurar la armonía en un mundo dividido. Entre ellos, Confucio surgiría como una figura central, cuyas ideas no solo reflejaban las necesidades de su tiempo, sino que ofrecían una visión atemporal para la humanidad.

El impacto de estas circunstancias históricas en el pensamiento filosófico no puede subestimarse. Los desafíos de la época exigían soluciones que fueran tanto prácticas como profundas. Mientras las escuelas rivales como el legalismo y el taoísmo ofrecían respuestas contrastantes, el confucianismo se destacó al buscar un equilibrio entre el orden social y el cultivo personal. Confucio y sus seguidores no solo se enfrentaron al caos externo, sino también a preguntas fundamentales sobre la naturaleza humana y la relación entre el individuo y la comunidad.

El auge de los estados guerreros también llevó a una proliferación de academias y centros de aprendizaje, donde los jóvenes nobles y plebeyos ambiciosos buscaban adquirir conocimientos para ascender en las jerarquías sociales. Estos lugares de estudio se convirtieron en semilleros de ideas, donde los textos clásicos de la tradición Zhou se reinterpretaron para abordar las realidades contemporáneas. Fue aquí donde el confucianismo comenzó a consolidarse como un marco para la educación y la gobernanza, basado en principios de virtud y responsabilidad.

La veneración de los ancestros y los rituales asociados con el culto al Cielo también desempeñaron un papel fundamental en este desarrollo. Estas prácticas, profundamente enraizadas en la psique colectiva de la China antigua, proporcionaron un lenguaje simbólico que Confucio utilizó para articular su visión de una sociedad ordenada. Los rituales no eran meras formalidades, sino expresiones tangibles de un orden moral que conectaba lo humano con lo divino.

En el corazón de este período turbulento, la noción de armonía resonaba como una aspiración compartida. La idea de que las relaciones humanas podían reflejar el equilibrio del cosmos se convirtió en un principio rector. Este concepto no era un ideal abstracto, sino una necesidad urgente en un mundo donde la violencia y la desconfianza dominaban. Confucio, al articular su filosofía, capturó esta aspiración y ofreció una hoja de ruta para su realización.

La conexión entre las condiciones históricas y el surgimiento del confucianismo subraya la profunda interrelación entre las ideas y su contexto. El pensamiento de Confucio no surgió en un vacío; fue una respuesta a las tensiones y los desafíos de su tiempo, una síntesis de las tradiciones pasadas y una visión para el futuro. A través de su énfasis en la virtud, la educación y la responsabilidad social, el confucianismo ofreció una solución que resonaba tanto en los palacios como en los campos, prometiendo restaurar la armonía perdida y construir un orden que trascendiera las divisiones temporales.

Este legado inicial no solo marcó un cambio en la filosofía china, sino que sentó las bases para una tradición que influiría en millones de vidas durante milenios. La historia de sus orígenes revela cómo, incluso en medio del caos, la búsqueda de significado y propósito puede dar lugar a ideas que transforman el mundo.

Capítulo 2
Maestro Eterno

La figura de Confucio emerge del tiempo como una presencia inmutable, profundamente humana y, a la vez, trascendental. Nacido en el año 551 a.C. en la provincia de Lu, su vida estuvo marcada por la sencillez de su origen y la vastedad de su impacto. Su nombre, Kong Qiu, reflejaba su linaje, pero fue el título de Maestro Kong, o Kong Fuzi, el que encapsuló su estatura moral y filosófica.

Desde su infancia, el entorno que rodeó a Confucio fue tanto un desafío como una inspiración. Nacido en una familia de nobles venidos a menos, su vida temprana estuvo impregnada de las dificultades que resultaban de un estatus que, aunque respetado en teoría, carecía de recursos materiales. Su padre, un guerrero de avanzada edad, falleció cuando Confucio aún era un niño, dejando a su madre con la tarea de criarlo sola. La adversidad no quebró su espíritu; más bien, lo fortaleció y forjó un carácter inquisitivo y resiliente que definiría su vida.

El joven Confucio encontró en el estudio un refugio y un propósito. Aunque su familia carecía de riquezas, su madre fomentó en él una sed de conocimiento que lo llevó a explorar los textos clásicos de la dinastía Zhou. Estos textos, que formaban la base de la cultura y la moral de su tiempo, le ofrecieron una visión del mundo en la que el orden y la virtud eran posibles incluso en medio del caos que marcaba el periodo de los Estados Combatientes.

A medida que crecía, Confucio demostró una aptitud excepcional para el aprendizaje y una pasión por la enseñanza. Convencido de que el conocimiento era la clave para una vida virtuosa y armoniosa, dedicó su juventud a adquirir sabiduría en diversos campos: música, aritmética, literatura y, sobre todo, la ética. Esta diversidad de intereses no solo reflejaba su compromiso con el cultivo personal, sino también su creencia en que el desarrollo integral era esencial para cualquier individuo que aspirara a liderar y servir a la sociedad.

Al alcanzar la adultez, Confucio comenzó a enseñar, no como una mera profesión, sino como una misión de vida. En un tiempo en que la educación estaba reservada a la élite, él abrió sus puertas a estudiantes de cualquier origen, siempre que compartieran su deseo de aprender y su disposición a vivir de acuerdo con principios éticos. Este acto revolucionario marcó un cambio profundo en la manera en que se concebía la educación, transformándola en un medio para cultivar no solo habilidades, sino también el carácter moral.

La enseñanza de Confucio no se limitaba a la transmisión de conocimientos; era una invitación a la reflexión profunda y al autocultivo. Su enfoque enfatizaba la virtud como el núcleo de toda acción, destacando conceptos como la benevolencia (Ren), la justicia (Yi) y el respeto por los rituales (Li). A través de ejemplos prácticos y anécdotas de su tiempo, instaba a sus discípulos a aplicar estos principios en sus vidas, construyendo así un puente entre lo ideal y lo real.

Aunque su influencia como maestro creció, Confucio también aspiraba a implementar sus ideas a nivel político. Creía firmemente que el gobierno debía basarse en la moralidad y no en la fuerza, y dedicó gran parte de su vida a buscar líderes que compartieran esta visión. Durante un tiempo, ocupó cargos administrativos en la provincia de Lu, donde intentó implementar reformas destinadas a restaurar la armonía y el orden. Sin embargo, su tiempo en el gobierno estuvo plagado de desafíos.

La corrupción, las intrigas políticas y la resistencia al cambio fueron obstáculos constantes para Confucio, quien finalmente abandonó su cargo al darse cuenta de que sus ideales no podían realizarse bajo el liderazgo de gobernantes que anteponían sus intereses personales a los del pueblo. Este fracaso no lo desalentó; más bien, lo impulsó a redoblar sus esfuerzos como maestro y filósofo, convencido de que el verdadero cambio comenzaba con el individuo.

Los viajes de Confucio a lo largo de China se convirtieron en una búsqueda incansable por difundir sus ideas y encontrar gobernantes dispuestos a abrazar su filosofía. Durante más de una década, recorrió los estados combatientes, acompañado por un grupo fiel de discípulos que compartían su visión. En estas travesías, enfrentó tanto la aceptación como el rechazo, pero nunca perdió de vista su objetivo: transformar el caos de su tiempo en una sociedad regida por la virtud y la justicia.

A través de sus enseñanzas, Confucio ofreció una visión del liderazgo que contradecía las prácticas comunes de la época. En lugar de gobernar a través del miedo y la coerción, proponía que los líderes fueran modelos de conducta, cuya virtud inspirara a los demás a seguirlos. Este enfoque, radical para su tiempo, subrayaba la importancia de la autoridad moral sobre la autoridad militar, una idea que resonaría profundamente en generaciones futuras.

Hacia el final de su vida, aunque no había logrado ver la realización de sus ideales en el ámbito político, Confucio dejó un legado imborrable a través de sus discípulos. Estos seguidores, profundamente inspirados por su ejemplo y sus enseñanzas, se dedicaron a preservar y difundir su filosofía, sentando las bases para lo que se convertiría en el confucianismo como sistema ético, educativo y filosófico.

Confucio falleció a los 73 años, rodeado de discípulos que continuaron su obra. Aunque en vida no había alcanzado la fama universal que hoy lo define, su impacto comenzó a crecer rápidamente después de su muerte. Los valores que enseñó no solo sobrevivieron, sino que se convirtieron en el núcleo de la civilización china, moldeando su estructura social, política y moral durante milenios.

El Maestro Eterno no solo es recordado por sus palabras, sino por su ejemplo. A través de su vida, demostró que la virtud y la perseverancia pueden trascender las circunstancias más difíciles, iluminando el camino para aquellos que buscan un mundo más justo y armonioso. Su legado, inscrito en los corazones de sus seguidores y en los textos que preservaron sus enseñanzas, sigue siendo una fuente inagotable de inspiración para quienes creen en el poder transformador de la educación, la ética y la humanidad.

Capítulo 3
Pensamiento Fundamental

El confucianismo se erige sobre una estructura filosófica sólida, profundamente entrelazada con los ideales de virtud, humanidad y armonía. En el corazón de esta filosofía se encuentran conceptos que, aunque profundamente enraizados en la antigua China, resuenan universalmente en la experiencia humana. Estos principios fundamentales no solo guían las acciones individuales, sino que ofrecen una visión coherente para la organización social y la interacción humana, formando un sistema que aspira a equilibrar lo personal con lo colectivo.

La virtud, conocida como *Dé* en los textos confucianos, se presenta como la esencia de una vida moralmente recta. No es simplemente una cualidad inherente, sino una energía que debe ser cultivada mediante el aprendizaje, la introspección y la acción. Para Confucio, la virtud no reside únicamente en los gestos heroicos, sino en las pequeñas decisiones diarias que reflejan un compromiso con la justicia, la compasión y el respeto. Este concepto se convierte en la base de todas las interacciones humanas, estableciendo un estándar de excelencia personal que trasciende el tiempo y el lugar.

La humanidad, o *Ren*, ocupa un lugar central en el pensamiento confuciano. Este término, a menudo traducido como benevolencia o bondad, encierra una comprensión más profunda de lo que significa ser verdaderamente humano. *Ren* es la capacidad de empatizar con los demás, de reconocer su sufrimiento y de actuar en consecuencia para aliviarlo. Para Confucio, *Ren* no es una simple emoción, sino una virtud activa que se manifiesta en la práctica constante del altruismo y el respeto mutuo. Es el eje sobre el cual giran las relaciones humanas, transformando las conexiones individuales en pilares de una sociedad armoniosa.

La armonía, o *He*, no es meramente la ausencia de conflicto, sino la integración equilibrada de elementos diversos. En el confucianismo, la armonía se busca tanto en el ámbito interno del individuo como en las estructuras externas de la sociedad. Se entiende como el resultado de vivir de acuerdo con los principios morales, donde cada persona cumple su rol con integridad y respeto. Esta visión de la armonía conecta al individuo con la comunidad, estableciendo un ciclo virtuoso donde el autocultivo contribuye al bienestar colectivo, y viceversa.

El concepto de *Li*, frecuentemente traducido como ritual o propiedad, también desempeña un papel crucial en la filosofía confuciana. Más allá de los actos ceremoniales, *Li* abarca normas de conducta que regulan las relaciones humanas y refuerzan la estructura social. Estas prácticas no solo expresan respeto y deferencia, sino que también sirven como recordatorios tangibles de los valores subyacentes que sostienen una comunidad unida. En este sentido, *Li* actúa como un puente entre lo abstracto y lo concreto, traduciendo los ideales éticos en acciones cotidianas que fortalecen los lazos humanos.

Otro pilar del pensamiento confuciano es *Yi*, la justicia o rectitud. *Yi* representa la capacidad de discernir lo correcto de lo incorrecto, guiando las decisiones basadas en principios éticos en lugar de intereses egoístas. Para Confucio, un individuo verdaderamente virtuoso es aquel que actúa de acuerdo con *Yi*, incluso cuando hacerlo implique sacrificios personales. Este énfasis en la justicia resalta la importancia de la integridad como fundamento de una vida digna y como base para la confianza mutua en una sociedad.

El confucianismo también incorpora una visión trascendental a través del concepto de *Tian*, el Cielo. En la filosofía confuciana, *Tian* no es simplemente una entidad divina, sino una fuerza moral que permea el universo. Representa el orden natural y la fuente última de legitimidad tanto para los individuos como para las instituciones. Este vínculo entre lo humano y lo cósmico subraya la responsabilidad de cada persona de vivir de manera que refleje los principios universales de justicia, bondad y equilibrio.

La educación, en este marco, no es solo un medio para adquirir conocimiento, sino una herramienta para cultivar la virtud y el carácter. Confucio creía firmemente en el aprendizaje como un proceso continuo que abarca tanto la mente como el espíritu. A través del estudio de los textos clásicos, la reflexión sobre las experiencias personales y la observación de los demás, cada individuo puede alcanzar un mayor nivel de comprensión y madurez moral. Esta búsqueda de sabiduría no es un fin en sí mismo, sino un camino hacia una vida más plena y significativa.

Los principios confucianos también destacan la importancia de las relaciones humanas como fundamento de una sociedad estable. Estas relaciones, conocidas como *Wu Lun*, abarcan las interacciones entre gobernante y súbdito, padre e hijo, esposo y esposa, hermano mayor y hermano menor, y amigos. Cada una de estas relaciones implica un conjunto de deberes y responsabilidades que reflejan los valores de respeto, cuidado y reciprocidad. Al cumplir con estas expectativas, los individuos contribuyen al bienestar colectivo y fortalecen el tejido social.

En la visión confuciana, el autocultivo es inseparable del impacto en la comunidad. La transformación personal, lograda a través de la práctica constante de la virtud, no solo mejora al individuo, sino que también eleva a quienes lo rodean. Esta interconexión resalta la responsabilidad de cada persona de actuar como un modelo a seguir, inspirando a otros a vivir de acuerdo con los mismos principios éticos.

El pensamiento fundamental del confucianismo, aunque profundamente anclado en las tradiciones de la antigua China, ofrece lecciones que trascienden el tiempo y el lugar. Sus enseñanzas invitan a reflexionar sobre la naturaleza de la virtud, la importancia de las relaciones humanas y el papel del individuo en la creación de una sociedad más justa y armoniosa. En un mundo marcado por el cambio constante y la incertidumbre, los ideales confucianos permanecen como un faro, guiando a quienes buscan equilibrio, propósito y conexión en sus vidas.

La estructura filosófica del confucianismo no solo proporciona una base sólida para la reflexión ética, sino que también inspira a las generaciones a adoptar una vida de integridad y servicio. A través de sus principios fundamentales, esta filosofía ofrece una visión coherente y transformadora de la existencia humana, invitando a cada individuo a contribuir al bienestar colectivo mediante el cultivo de la virtud y la práctica de la humanidad.

Capítulo 4
Contexto Social

El surgimiento del confucianismo está profundamente arraigado en el turbulento contexto social de la antigua China, un tiempo donde las estructuras tradicionales se desmoronaban y las incertidumbres permeaban cada aspecto de la vida. Durante el período de los Estados Combatientes, las fracturas en el tejido político y económico del territorio generaron una profunda crisis social. Esta era, marcada por la fragmentación de la autoridad central y el ascenso de múltiples reinos rivales, exigía no solo respuestas inmediatas a los conflictos, sino también una reestructuración de los principios fundamentales que regían las interacciones humanas y el gobierno.

La disolución de la dinastía Zhou como centro de poder unificador fue uno de los catalizadores del caos. El mandato celestial que había sostenido la legitimidad de los gobernantes se debilitó, dando paso a una competencia feroz entre estados que buscaban imponerse como la nueva autoridad suprema. Esta pugna, aunque esencialmente política, tuvo repercusiones devastadoras en las dinámicas sociales, ya que el constante conflicto militar desestabilizó las comunidades rurales y urbanas por igual. Los campesinos, que constituían la base económica del imperio, se encontraron atrapados entre las demandas de los ejércitos y los señores locales, perdiendo sus tierras y su sustento.

Las desigualdades sociales se acentuaron en esta época. Las clases aristocráticas, aunque debilitadas por la pérdida de poder feudal, todavía ostentaban privilegios que contrastaban brutalmente con la miseria de las clases bajas. Los trabajadores del campo y los artesanos vivían en condiciones precarias, mientras que los comerciantes, aunque a menudo marginados, comenzaron a ganar influencia debido al crecimiento del comercio interno y externo. Esta creciente disparidad alimentó un clima de insatisfacción y tensión, poniendo en cuestión los valores tradicionales que sostenían la jerarquía social.

En las ciudades, la fragmentación política también se reflejaba en un desorden creciente. Los mercados, centros vitales de actividad económica, se convertían en puntos de encuentro de ideas, pero también de conflictos. Los comerciantes, una clase emergente que desafiaba las estructuras tradicionales, comenzaron a cuestionar la supremacía de la nobleza, sugiriendo nuevas formas de movilidad social basadas en el mérito y la riqueza acumulada, en lugar del linaje. Esta evolución socavó aún más el viejo orden, pero también preparó el terreno para una nueva visión de la organización social.

En este panorama de descomposición y cambio, las familias, consideradas durante mucho tiempo como la piedra angular de la sociedad china, también enfrentaron una transformación significativa. Los valores confucianos, que posteriormente enfatizarían la piedad filial y la importancia de las relaciones familiares, nacieron en un contexto donde estas instituciones estaban siendo desafiadas por la presión externa y el conflicto interno. Las familias se fragmentaban, y la tradición de venerar a los ancestros como símbolo de continuidad y estabilidad comenzó a perder fuerza en algunos sectores, mientras que en otros se intensificaba como un medio para aferrarse a la identidad en medio de la incertidumbre.

La búsqueda de estabilidad en medio de estas disrupciones llevó a un florecimiento de escuelas de pensamiento que ofrecían respuestas a los dilemas sociales. Entre ellas, el confucianismo destacó al proponer no solo una restauración del orden, sino un retorno a la virtud como base de todas las interacciones humanas. Confucio observó la desintegración de las relaciones humanas y sociales con preocupación, identificando en ello no solo una crisis política, sino una crisis moral.

Para Confucio, la raíz del caos residía en el descuido de los principios éticos que habían sostenido la grandeza de la antigua dinastía Zhou. Su respuesta no fue meramente idealista, sino profundamente pragmática: la revitalización de las prácticas morales a través de la educación y el cultivo personal. La enseñanza de valores como la benevolencia (*Ren*), la rectitud (*Yi*) y el respeto por los rituales (*Li*) no era una simple nostalgia por el pasado, sino un intento de reconstruir la confianza y la cohesión social desde la base.

El colapso de la jerarquía tradicional también significó que la legitimidad ya no podía derivarse únicamente del linaje. Esto creó un espacio para que el mérito, la educación y la virtud se convirtieran en los nuevos criterios para liderar. Confucio enfatizó que un gobernante debía ser, ante todo, un ejemplo moral para su pueblo, alguien que inspirara respeto y obediencia a través de su integridad, no de su fuerza. Este enfoque contrastaba marcadamente con el legalismo, otra escuela de pensamiento de la época, que proponía el control mediante leyes estrictas y castigos severos.

Las enseñanzas confucianas se presentaron como una respuesta equilibrada a los extremos del caos y la opresión. Al proponer una estructura social basada en la virtud y las relaciones correctas, ofrecían un camino hacia la restauración de la armonía sin recurrir al autoritarismo. La noción de roles definidos dentro de la familia y la sociedad no era una simple reafirmación del status quo, sino una reimaginación de estos roles como herramientas para el bienestar colectivo.

El confucianismo también abordó el problema de la desconfianza generalizada que permeaba las relaciones sociales y políticas de la época. A través de la práctica de los rituales y la adherencia a un código ético compartido, Confucio buscó reconstruir la cohesión social. Estos rituales no eran meras formalidades, sino expresiones tangibles de respeto y compromiso mutuo, diseñados para fortalecer los vínculos entre los individuos y las comunidades.

La visión de Confucio para la sociedad no era una utopía abstracta, sino una respuesta práctica a los desafíos concretos de su tiempo. Al proponer un sistema que priorizaba la educación, la virtud y la armonía, no solo ofreció un camino para superar el caos inmediato, sino que estableció las bases para una civilización que prosperaría durante siglos.

El contexto social en el que nació el confucianismo fue tanto su desafío como su oportunidad. En medio de la disolución de las antiguas estructuras y la emergencia de nuevas dinámicas, Confucio identificó en la moralidad y la educación las herramientas necesarias para restaurar la estabilidad. Su respuesta no fue una simple reacción al caos, sino una visión profunda de cómo la humanidad podía superar sus divisiones y construir una sociedad más justa y equilibrada.

Este legado, forjado en el crisol de la crisis social, sigue resonando en las sociedades modernas. Las enseñanzas confucianas, nacidas de un tiempo de disrupción, nos recuerdan que incluso en los momentos de mayor incertidumbre, la virtud, la humanidad y la educación pueden ofrecer un camino hacia un futuro más armonioso.

Capítulo 5
Influencias Culturales

La esencia del confucianismo se entrelaza con las prácticas culturales y religiosas que existían mucho antes de que Confucio naciera. Estas tradiciones ancestrales no solo proporcionaron un marco simbólico para sus enseñanzas, sino que también moldearon su visión del mundo, infundiendo en su filosofía un sentido de continuidad con el pasado. En el núcleo de estas influencias se encuentran el culto a los ancestros, la veneración al Cielo (*Tian*) y los rituales tradicionales, prácticas que conectaban lo humano con lo divino y lo terrenal con lo trascendental.

El culto a los ancestros era una de las tradiciones más arraigadas en la antigua China, y su impacto en el pensamiento confuciano es innegable. Este culto no se limitaba a una simple reverencia hacia los muertos, sino que constituía una expresión de la responsabilidad intergeneracional. Los ritos realizados en honor a los antepasados no solo garantizaban su bienestar en el más allá, sino que reforzaban los lazos familiares y sociales en el presente. Para Confucio, esta práctica representaba un modelo de respeto y reciprocidad, valores esenciales para la cohesión social. La piedad filial (*Xiao*), un pilar central del confucianismo, se fundamenta en esta relación simbiótica entre los vivos y sus antepasados, subrayando la importancia de honrar el legado recibido mientras se actúa con virtud para transmitirlo a las generaciones futuras.

La veneración al Cielo, conocido como *Tian*, era otra de las prácticas que influenció profundamente a Confucio. En las creencias tradicionales, *Tian* representaba no solo el poder divino que otorgaba legitimidad a los gobernantes, sino también un orden moral universal al que todos debían adherirse. Confucio reinterpretó esta noción, enfatizando que el *Mandato del Cielo* no era inmutable ni exclusivo. Un gobernante solo merecía su posición si gobernaba con justicia y virtud, alineándose con los principios del Cielo. Esta idea de una autoridad moral superior se convirtió en un eje del pensamiento confuciano, estableciendo un estándar ético tanto para los líderes como para los ciudadanos comunes.

Los rituales (*Li*) eran el vehículo a través del cual estas creencias se manifestaban en la vida cotidiana. Desde ceremonias familiares hasta protocolos estatales, los rituales conectaban a las personas con las fuerzas cósmicas y reafirmaban su lugar dentro de una comunidad más amplia. Confucio veía en los rituales algo más que simples actos formales; los consideraba expresiones tangibles de respeto, orden y armonía. A través de ellos, los individuos aprendían a moderar sus deseos, a actuar con dignidad y a cumplir con sus deberes hacia los demás. En su filosofía, los rituales eran herramientas para cultivar la virtud y mantener la estabilidad social, transformando acciones individuales en contribuciones al bienestar colectivo.

Además de estas prácticas, el confucianismo también fue influenciado por otras corrientes de pensamiento y tradiciones culturales que coexistían en la época de Confucio. Entre ellas, el taoísmo ofrecía una perspectiva distinta pero complementaria sobre la relación entre el individuo y el cosmos. Mientras el confucianismo enfatizaba la responsabilidad social y la adherencia a los principios morales, el taoísmo abogaba por una armonía más espontánea con la naturaleza y el flujo del *Dao*. Aunque Confucio y Laozi, el presunto fundador del taoísmo, diferían en sus enfoques, ambos compartían la creencia en la importancia de la armonía como objetivo último.

El legalismo, por otro lado, representaba una visión más rígida y pragmática del gobierno y la sociedad. En contraste con la filosofía confuciana, que priorizaba la virtud y el autocultivo como bases del orden social, el legalismo abogaba por el uso de leyes estrictas y castigos severos para controlar el comportamiento humano. Esta diferencia reflejaba los diversos desafíos que enfrentaba la antigua China, pero también resaltaba la singularidad del confucianismo como una filosofía que buscaba equilibrar la autoridad con la moralidad.

Las tradiciones oraculares, como el uso del *I Ching* o Libro de las Mutaciones, también influyeron en la visión confuciana del mundo. Este texto, uno de los clásicos que Confucio estudió y promovió, no solo servía como herramienta de adivinación, sino que ofrecía un marco simbólico para comprender las transformaciones de la vida y la interacción entre las fuerzas opuestas. La filosofía confuciana incorporó estas ideas, reconociendo la importancia del cambio y la adaptabilidad, pero siempre dentro de un marco ético que priorizaba la estabilidad y la cohesión.

La música, considerada una expresión divina y un medio para alcanzar la armonía, también desempeñó un papel significativo en el desarrollo del confucianismo. En la tradición china, la música no era solo entretenimiento, sino una disciplina que reflejaba el equilibrio cósmico. Confucio atribuía a la música la capacidad de refinar el carácter humano, promoviendo la introspección y fortaleciendo los lazos sociales. Para él, una sociedad que entendiera el poder de la música sería una sociedad más virtuosa y equilibrada.

Estas influencias culturales y religiosas proporcionaron a Confucio un rico tapiz de símbolos y prácticas que él reinterpretó para dar forma a su filosofía. Sin embargo, lo que distingue al confucianismo no es simplemente su integración de estas tradiciones, sino su capacidad para trascenderlas, ofreciendo una visión que conecta lo ancestral con lo universal.

Al arraigar sus enseñanzas en prácticas profundamente familiares para su audiencia, Confucio logró construir una filosofía que resonaba tanto en la vida cotidiana como en las aspiraciones más elevadas de la humanidad. Al mismo tiempo, al reinterpretar estas tradiciones bajo una luz ética y educativa, dio a sus seguidores herramientas para navegar los desafíos de su tiempo y los que vendrían en el futuro.

El confucianismo, por tanto, no es un mero producto de las tradiciones culturales que lo precedieron, sino una síntesis creativa que transforma estas influencias en una guía atemporal. En sus fundamentos se encuentra el eco de una civilización antigua, pero en su esencia, late la promesa de un futuro donde la virtud, el respeto y la armonía pueden prevalecer. Estas raíces culturales no solo nutrieron el pensamiento confuciano, sino que también lo conectaron con la humanidad en su conjunto, reafirmando la convicción de que el progreso comienza con la fidelidad a los valores fundamentales.

Capítulo 6
Textos Clásicos

Los textos clásicos del confucianismo representan mucho más que simples registros de ideas; son el compendio de una tradición filosófica que ha moldeado la estructura ética, política y social de la civilización china. Estas obras no solo encapsulan los principios fundamentales del pensamiento confuciano, sino que también sirven como guías prácticas para el autocultivo y la gobernanza. A través de su profundidad y universalidad, estos textos se convirtieron en la piedra angular de la educación y la reflexión moral durante milenios.

Entre los textos más influyentes se encuentran los Cuatro Libros (*Si Shu*): *Los Analectos* (*Lun Yu*), *El Gran Estudio* (*Da Xue*), *La Doctrina del Justo Medio* (*Zhong Yong*) y el *Mencio* (*Mengzi*). Estos libros sintetizan las enseñanzas de Confucio y sus discípulos, presentando un marco ético que conecta la virtud individual con el bienestar colectivo. Junto a ellos, los Cinco Clásicos (*Wu Jing*) —el *Libro de las Mutaciones* (*I Ching*), el *Libro de los Documentos* (*Shu Jing*), el *Libro de las Canciones* (*Shi Jing*), el *Libro de los Ritos* (*Li Ji*) y los *Anales de Primavera y Otoño* (*Chunqiu*)— ofrecen una visión más amplia, abarcando la cosmología, la historia y los rituales que informaron el pensamiento confuciano.

Los Analectos ocupan un lugar especial como una colección de los dichos y conversaciones de Confucio con sus discípulos. Este texto captura la esencia de su enseñanza a través de reflexiones prácticas y principios éticos. En sus páginas, se encuentra una invitación constante al autocultivo y la búsqueda de la virtud como camino hacia la armonía personal y social. Aunque la estructura del texto es fragmentaria, su profundidad reside en la riqueza de sus lecciones, que abarcan desde la importancia del respeto filial hasta la necesidad de liderar con integridad.

El Gran Estudio es un tratado breve pero significativo que se centra en el proceso de cultivo personal como base para la gobernanza y el orden social. Este texto establece una progresión clara: el autocultivo conduce a la armonía familiar, que a su vez se refleja en una sociedad y un estado bien gobernados. A través de este énfasis en la interconexión entre lo personal y lo colectivo, *El Gran Estudio* subraya la responsabilidad individual como el núcleo de un mundo equilibrado.

La Doctrina del Justo Medio explora la idea del equilibrio como principio rector de la vida. Este texto aboga por una existencia moderada, donde las emociones y las acciones se alineen con la virtud. A través de ejemplos concretos, se presenta el ideal de una conducta que evita los extremos y busca la armonía con el entorno. Esta filosofía, profundamente enraizada en las enseñanzas de Confucio, resuena como una guía para alcanzar una vida plena y equilibrada.

El *Mencio*, por su parte, amplía y profundiza las ideas de Confucio, enfocándose en la bondad inherente del ser humano. Mencio, uno de los discípulos más destacados de la escuela confuciana, argumenta que todas las personas poseen una semilla de virtud que puede ser cultivada a través de la educación y la reflexión. En este texto, se exploran temas como la naturaleza humana, la justicia y la legitimidad del gobierno, consolidando la visión confuciana de una sociedad basada en la moralidad.

Los Cinco Clásicos, aunque más antiguos y diversos en contenido, también forman parte integral del canon confuciano. El *Libro de las Mutaciones* (*I Ching*) es un texto oracular que combina simbolismo y filosofía para ofrecer una guía sobre cómo navegar las transformaciones de la vida. A través de hexagramas y comentarios interpretativos, este libro conecta las acciones humanas con las fuerzas universales, destacando la importancia del equilibrio y la adaptabilidad.

El *Libro de los Documentos* recopila discursos y proclamas de antiguos gobernantes, proporcionando una perspectiva histórica sobre la gobernanza virtuosa. En sus páginas, se enfatiza la idea de que el poder legítimo solo puede sostenerse mediante la justicia y el servicio al pueblo, una noción que resonó profundamente en el pensamiento confuciano.

El *Libro de las Canciones* reúne poemas y canciones que reflejan la vida cotidiana, las emociones humanas y las tradiciones rituales. Este texto, considerado una fuente de sabiduría moral y estética, era utilizado por Confucio para enseñar sensibilidad ética y conexión con la naturaleza.

El *Libro de los Ritos* describe las ceremonias y protocolos que regulaban las interacciones sociales en la antigua China. Para Confucio, estos rituales no eran simples formalidades, sino expresiones tangibles de virtud y respeto que fortalecían los lazos comunitarios.

Los Anales de Primavera y Otoño, un registro histórico atribuido a Confucio, ofrecen un relato de eventos significativos durante el periodo de los Zhou. Este texto no solo documenta hechos, sino que también refleja los juicios éticos del autor, estableciendo un modelo de gobernanza y conducta moral.

La compilación y preservación de estos textos no fue un proceso casual, sino una labor meticulosa llevada a cabo por generaciones de estudiosos confucianos. Durante la dinastía Han (206 a.C.-220 d.C.), los textos confucianos se consolidaron como el núcleo del sistema educativo oficial, siendo estudiados por quienes aspiraban a servir en la administración pública. Esta canonización no solo aseguró su transmisión, sino que también convirtió al confucianismo en el eje de la vida intelectual y política de China.

Más allá de su contexto histórico, los textos clásicos confucianos ofrecen reflexiones que trascienden el tiempo y el lugar. Sus enseñanzas sobre la virtud, la armonía y la responsabilidad resuenan como principios universales que pueden guiar a las personas en la búsqueda de una vida significativa. Al combinar ética, ritual y sabiduría práctica, estos textos construyen un puente entre lo personal y lo colectivo, mostrando cómo las acciones individuales pueden contribuir al bienestar de una comunidad.

La profundidad de estos textos reside no solo en las ideas que presentan, sino también en su capacidad para inspirar una práctica continua de introspección y mejora. A través de ellos, el confucianismo invita a cada generación a redescubrir el equilibrio entre lo humano y lo divino, lo individual y lo social, construyendo una visión de la vida que, aunque enraizada en la antigüedad, sigue iluminando el camino hacia el futuro.

Capítulo 7
Escuela Confuciana

La escuela confuciana surgió como una corriente filosófica y ética profundamente enraizada en las enseñanzas de Confucio, pero que se expandió y evolucionó a través de las contribuciones de sus discípulos y seguidores. Este movimiento no fue una simple repetición de los ideales del maestro, sino un proceso dinámico de interpretación, sistematización y adaptación que consolidó al confucianismo como una fuerza intelectual y moral en la historia de la civilización china.

Después de la muerte de Confucio en el año 479 a.C., su legado quedó en manos de sus discípulos, quienes jugaron un papel esencial en la preservación y difusión de sus ideas. Estos discípulos no solo recopilaron y transmitieron las palabras del maestro, que más tarde formarían el núcleo de *Los Analectos*, sino que también contribuyeron a desarrollar y profundizar los conceptos fundamentales del confucianismo. Entre ellos, Yan Hui, Zengzi, Zixia y Zhong You destacaron como figuras clave, cada uno aportando su propia perspectiva y fortaleciendo la cohesión de la escuela confuciana.

Yan Hui, el discípulo más cercano y querido por Confucio, ejemplificó el ideal de virtud personal que el maestro promovía. Su vida sencilla y su dedicación al aprendizaje y la introspección hicieron de él un modelo para generaciones posteriores de confucianos. Zengzi, por su parte, es recordado por su énfasis en la piedad filial y la autoexaminación, valores que definieron la ética confuciana y resonaron profundamente en la sociedad china.

El período inmediatamente posterior a la muerte de Confucio fue un tiempo de incertidumbre para la escuela confuciana. En una era dominada por el caos político y el ascenso de otras filosofías rivales, como el legalismo y el taoísmo, los seguidores de Confucio enfrentaron el desafío de establecer su relevancia. Sin embargo, esta competencia intelectual también estimuló el desarrollo del confucianismo, empujando a sus defensores a articular con mayor claridad sus principios y a diferenciarse de las demás escuelas.

Uno de los momentos clave en la consolidación de la escuela confuciana fue la contribución de Mencio (*Mengzi*), quien vivió entre los siglos IV y III a.C. Mencio no solo preservó las enseñanzas de Confucio, sino que también las enriqueció con sus propias ideas, enfatizando la bondad inherente de la naturaleza humana. Según Mencio, todas las personas poseen una semilla de virtud que puede cultivarse a través de la educación y el entorno adecuado. Este enfoque optimista sobre la humanidad no solo fortaleció el atractivo del confucianismo, sino que también estableció una distinción clara con el legalismo, que veía a los seres humanos como inherentemente egoístas y necesitados de control estricto.

Xunzi, otro importante pensador confuciano, ofreció una visión contrastante que, sin embargo, complementó la tradición confuciana. A diferencia de Mencio, Xunzi argumentaba que la naturaleza humana era inherentemente inclinada hacia el egoísmo y que la virtud debía ser inculcada mediante la disciplina y la educación rigurosa. Este debate entre Mencio y Xunzi no fragmentó la escuela confuciana; más bien, enriqueció su marco filosófico al incorporar una diversidad de perspectivas sobre cómo fomentar la moralidad y la armonía social.

La escuela confuciana también se organizó como un centro de aprendizaje y transmisión del conocimiento. Los discípulos de Confucio y sus sucesores establecieron academias donde los textos clásicos se estudiaban y discutían con profundidad. Estas academias no solo preservaron las enseñanzas confucianas, sino que también formaron generaciones de eruditos que llevaron estos ideales a las estructuras gubernamentales y a las comunidades locales.

Durante la dinastía Han, el confucianismo alcanzó una posición de prominencia institucional cuando fue adoptado como la filosofía oficial del estado. Este reconocimiento transformó la escuela confuciana en el pilar del sistema educativo imperial, vinculándola directamente con el proceso de selección de funcionarios públicos a través de los exámenes imperiales. Los textos confucianos se convirtieron en el núcleo del currículo educativo, y los candidatos a puestos gubernamentales eran evaluados en su conocimiento de estos principios y en su capacidad para aplicarlos en la administración del estado.

A medida que la escuela confuciana se institucionalizó, surgieron desafíos y tensiones. Algunos críticos argumentaron que el énfasis en los rituales y el formalismo podía llevar a una interpretación superficial de las enseñanzas de Confucio. Sin embargo, los defensores del confucianismo respondieron destacando la importancia de los rituales como herramientas para inculcar la virtud y reforzar la cohesión social.

La escuela confuciana no solo se limitó a la enseñanza y la administración; también desempeñó un papel crucial en la vida cotidiana de las comunidades. Los eruditos confucianos actuaban como mediadores en disputas locales, consejeros en asuntos familiares y guías morales en tiempos de crisis. Este papel práctico aseguró que el confucianismo permaneciera conectado con las realidades de la vida de las personas, consolidando su relevancia y legitimidad.

El confucianismo también mostró una notable capacidad de adaptación. A lo largo de los siglos, enfrentó desafíos de otras filosofías y religiones, como el budismo y el taoísmo, que ganaron popularidad durante periodos de cambio social y político. Sin embargo, lejos de ser desplazado, el confucianismo absorbió influencias de estas tradiciones, integrando elementos que enriquecieron su pensamiento sin comprometer su núcleo ético. Esta capacidad de adaptación fue clave para la longevidad de la escuela confuciana.

En la época contemporánea, la escuela confuciana sigue siendo una fuente de inspiración, aunque ha adoptado formas diferentes en respuesta a los cambios sociales y políticos. En el ámbito académico, el confucianismo continúa siendo estudiado y debatido como un sistema ético y filosófico relevante para los desafíos del mundo moderno. Su énfasis en la virtud, la educación y la responsabilidad social resuena en un tiempo que busca soluciones a problemas globales como la desigualdad, la corrupción y la desintegración comunitaria.

La escuela confuciana, nacida de la visión de un maestro que vivió en un periodo de caos, se ha convertido en un legado intelectual y moral que trasciende fronteras y épocas. A través de sus discípulos, textos y academias, esta tradición ha moldeado no solo a la sociedad china, sino también a muchas otras culturas que han encontrado en sus principios una guía para la vida personal y colectiva.

El impacto de la escuela confuciana demuestra que, aunque las ideas nacen en contextos específicos, su poder radica en su capacidad para resonar con las aspiraciones más profundas de la humanidad. El confucianismo, a través de su escuela, no solo ofreció respuestas al caos de su tiempo, sino que sigue siendo una fuente de sabiduría para quienes buscan construir un mundo más armonioso y virtuoso.

Capítulo 8
Tradición Filosófica

El confucianismo, aunque nacido en un contexto histórico específico, ha atravesado los siglos como un faro de sabiduría, adaptándose, evolucionando y manteniendo su relevancia a lo largo de la historia de China y más allá. La tradición filosófica confuciana no solo se consolidó como un sistema de pensamiento, sino que se convirtió en la base de la cultura moral y política de la civilización china, influenciando profundamente no solo las instituciones gubernamentales, sino también la vida cotidiana de las personas.

Tras la muerte de Confucio, la transmisión de sus enseñanzas fue un proceso dinámico que atravesó múltiples interpretaciones y adaptaciones. Los primeros discípulos, como Mencio y Xunzi, ofrecieron interpretaciones divergentes pero complementarias de la filosofía de Confucio, lo que permitió que la escuela confuciana se expandiera y se diversificara. Esta diversidad de pensamiento no fracturó la tradición, sino que la enriqueció, proporcionando un espacio para el debate y la profundización de las ideas confucianas en un mundo en constante cambio.

A lo largo de los siglos, el confucianismo se consolidó no solo como una filosofía ética, sino también como un marco para la organización social y política. La dinastía Han (206 a.C.–220 d.C.) marcó un punto decisivo en la historia del confucianismo, cuando sus enseñanzas fueron adoptadas como la base de la ideología oficial del estado. Esta adopción institucional del confucianismo transformó su filosofía en el núcleo del sistema educativo y político chino, dando lugar a la creación de los exámenes imperiales, que permitían a los individuos ascender en la jerarquía estatal a través del conocimiento de los textos confucianos.

Sin embargo, a lo largo de la historia, el confucianismo también se enfrentó a desafíos, tanto internos como externos. Durante la dinastía Tang (618–907 d.C.), el taoísmo y el budismo llegaron a China, trayendo consigo nuevas ideas y prácticas que rivalizaban con el confucianismo. A pesar de este reto, el confucianismo se adaptó, incorporando aspectos del taoísmo y el budismo sin perder su esencia. El taoísmo, con su énfasis en la naturaleza y el equilibrio, ofreció una visión complementaria al confucianismo, mientras que el budismo contribuyó a enriquecer el pensamiento confuciano con nociones sobre la meditación y la espiritualidad.

En tiempos más recientes, el confucianismo también fue desafiado por las ideologías modernas. Durante la Revolución Cultural (1966–1976), el Partido Comunista de China rechazó muchas de las prácticas tradicionales chinas, incluido el confucianismo, viéndolo como una ideología anticuada que obstaculizaba el progreso. Sin embargo, el confucianismo nunca desapareció por completo. Incluso en los períodos de represión, sus enseñanzas continuaron siendo transmitidas de manera subterránea, preservadas en los corazones y las mentes de aquellos que valoraban la sabiduría que ofrecía. En las últimas décadas, con la apertura de China al mundo y la búsqueda de una identidad cultural propia en un contexto global, el confucianismo ha experimentado un renacimiento. Esta revitalización no es una vuelta al pasado, sino una revalorización de sus principios esenciales en un mundo moderno que aún lucha con los mismos dilemas éticos y sociales que Confucio observó en su tiempo.

La tradición filosófica confuciana, entonces, no es estática, sino que es dinámica, viva y capaz de adaptarse a los desafíos de cada época. A lo largo de los siglos, el confucianismo ha demostrado su flexibilidad al incorporar elementos de otras tradiciones filosóficas y religiosas sin perder su núcleo ético. En cada etapa de su evolución, ha mantenido como eje central la importancia de la virtud, el autocultivo y la armonía social, que siguen siendo tan relevantes hoy como en la época de Confucio.

A medida que el confucianismo fue ganando en profundidad y extensión, su influencia se expandió más allá de las fronteras de China, llegando a otros países de Asia como Corea, Japón y Vietnam. En estos lugares, el confucianismo se adaptó a sus propias realidades culturales, pero siempre conservó su énfasis en los valores de la familia, el respeto a los ancestros, la educación y la moralidad pública. Esta expansión internacional no solo consolidó al confucianismo como una de las grandes tradiciones filosóficas del mundo, sino que también contribuyó a establecer una red de pensamiento que unía a diversas culturas en una visión común de la humanidad y el orden social.

Además de su impacto en Asia, el confucianismo también ha comenzado a ganar atención en el ámbito occidental, especialmente en el campo de la filosofía moral y política. Filósofos contemporáneos han retomado las enseñanzas confucianas como una respuesta al individualismo y al relativismo moral que caracterizan muchas de las tradiciones occidentales modernas. En un mundo cada vez más interconectado, el confucianismo ofrece una visión de la ética que no solo está basada en el individuo, sino en la responsabilidad colectiva, el respeto mutuo y la creación de una sociedad armoniosa.

El legado del confucianismo, por tanto, no solo radica en su capacidad para influir en el pensamiento y las instituciones, sino en su habilidad para seguir siendo una fuente viva de reflexión y orientación. Hoy en día, el confucianismo continúa siendo un punto de referencia para quienes buscan respuestas a las preguntas más profundas sobre la naturaleza humana, la moralidad, la gobernanza y la convivencia social.

La tradición filosófica confuciana sigue viva, no solo en los textos que han llegado hasta nosotros, sino en las prácticas cotidianas, en los rituales familiares, en la educación y en la forma en que las personas, tanto en China como en otras partes del mundo, buscan construir una vida ética y armoniosa. Esta continuidad a través del tiempo es testimonio de su poder para conectar las generaciones pasadas con las futuras, ofreciendo una visión de la vida que trasciende los límites de las culturas y las épocas.

Capítulo 9
Virtud Esencial

La virtud, conocida como *Dé* en el confucianismo, se presenta como el núcleo que sostiene el carácter moral y guía las acciones humanas hacia un propósito elevado. Este concepto, profundamente enraizado en las enseñanzas de Confucio, no es simplemente una cualidad abstracta o una meta inalcanzable; es el principio activo que permite a los individuos construir una vida de integridad, fortalecer sus relaciones y contribuir al bienestar colectivo. La virtud esencial no solo define la excelencia personal, sino que también actúa como un puente entre el individuo y la sociedad, integrando valores internos con acciones externas.

Para Confucio, la virtud comienza con el autocultivo. Este proceso no es un acto espontáneo ni una adquisición rápida, sino una práctica constante de introspección, aprendizaje y acción deliberada. El autocultivo requiere que el individuo se comprometa a refinar su carácter, reconociendo sus defectos y trabajando para superarlos. En este contexto, la virtud no es innata, sino algo que se desarrolla a través del esfuerzo consciente. Es un acto continuo de perfeccionamiento, donde cada acción virtuosa refuerza el hábito de la bondad y la justicia.

La virtud esencial en el confucianismo no es una categoría única, sino que abarca una gama de cualidades interrelacionadas que guían el comportamiento ético. La benevolencia (*Ren*), la justicia (*Yi*), la propiedad ritual (*Li*), la sabiduría (*Zhi*) y la sinceridad (*Xin*) son los pilares sobre los que se construye el carácter virtuoso. Estas cualidades no operan de manera aislada, sino que se entrelazan para formar un sistema coherente donde cada virtud refuerza y complementa a las demás.

Ren, o benevolencia, es la expresión más alta de la virtud. Representa la capacidad de empatizar con los demás, de actuar con compasión y de buscar el bien común. *Ren* no es solo un ideal ético, sino una práctica activa que transforma las relaciones humanas. Cuando una persona actúa con *Ren*, no solo beneficia a quienes la rodean, sino que también eleva su propio espíritu, acercándose al modelo de vida virtuosa que Confucio enseñaba.

Yi, la justicia o rectitud, es el principio que permite distinguir lo correcto de lo incorrecto, guiando las decisiones hacia la equidad y la integridad. En el confucianismo, actuar con *Yi* significa tomar decisiones que reflejen un compromiso con los valores éticos, incluso cuando estas decisiones sean difíciles o impopulares. La justicia no se basa en recompensas externas, sino en una convicción interna de hacer lo que es moralmente correcto.

Li, la propiedad ritual, conecta la virtud interna con las acciones externas. A través de los rituales, las normas sociales y las prácticas culturales, *Li* da forma a las interacciones humanas, proporcionando un marco para que la virtud se manifieste en la vida cotidiana. Los rituales no son meras formalidades, sino expresiones tangibles de respeto, dignidad y orden. Al practicar *Li*, las personas aprenden a moderar sus deseos, a actuar con decoro y a fortalecer los lazos sociales.

La sabiduría, o *Zhi*, es la capacidad de comprender las complejidades de la vida y de tomar decisiones informadas que reflejen tanto la reflexión ética como el conocimiento práctico. La sabiduría no se limita al ámbito intelectual; es una cualidad activa que guía a las personas en la resolución de problemas y en la construcción de una vida significativa.

Xin, la sinceridad o confianza, es la virtud que sostiene todas las demás. Sin *Xin*, las relaciones humanas carecen de estabilidad y las promesas se vuelven vacías. La confianza no solo fortalece los lazos entre las personas, sino que también fomenta la cohesión social, creando un entorno donde las acciones virtuosas pueden prosperar.

La práctica de la virtud esencial no se limita al individuo, sino que se extiende a la comunidad y al estado. En el pensamiento confuciano, un líder virtuoso no solo actúa como un modelo moral, sino que también inspira a sus seguidores a emular su conducta. La virtud de los líderes no es una cuestión de estatus o poder, sino de servicio y responsabilidad. Un gobierno basado en la virtud no necesita recurrir a la fuerza o al miedo; en cambio, su legitimidad emana de la confianza y el respeto que inspira.

La virtud esencial también se manifiesta en la familia, el núcleo fundamental de la sociedad según el confucianismo. A través de la piedad filial (*Xiao*), los individuos aprenden a cultivar la virtud comenzando con sus relaciones más cercanas. La piedad filial no solo implica respeto y cuidado hacia los padres, sino también una dedicación a preservar y fortalecer los valores familiares. Este compromiso con la familia sirve como un microcosmos para la virtud en la sociedad en general, demostrando cómo los principios éticos pueden aplicarse en todos los niveles de la vida.

El impacto de la virtud esencial no se limita al ámbito ético; también tiene un profundo efecto en la armonía personal y social. Cuando las personas practican la virtud, experimentan una sensación de equilibrio interno que se refleja en sus interacciones con los demás. Este equilibrio no solo fortalece las relaciones humanas, sino que también contribuye a una sociedad más justa y armoniosa. La virtud esencial, al unir el autocultivo con la responsabilidad social, ofrece una visión de la vida donde lo individual y lo colectivo están profundamente interconectados.

A lo largo de los siglos, la virtud esencial ha demostrado ser una guía atemporal para quienes buscan construir una vida significativa y contribuir al bienestar de su comunidad. En un mundo donde los desafíos éticos y sociales siguen siendo omnipresentes, las enseñanzas confucianas sobre la virtud ofrecen una respuesta poderosa y práctica. Al centrarse en el autocultivo, la empatía y la responsabilidad, la virtud esencial trasciende las barreras culturales y temporales, mostrando que el camino hacia una vida virtuosa comienza con un compromiso personal de actuar con integridad y compasión.

En la tradición confuciana, la virtud no es un destino, sino un viaje continuo. Es un esfuerzo constante por mejorar, por conectar las acciones con los valores y por transformar tanto al individuo como al mundo que lo rodea. A través de este enfoque, la virtud esencial se convierte no solo en el núcleo del pensamiento confuciano, sino en un faro para quienes buscan vivir con propósito y contribuir a la construcción de una sociedad más justa y equilibrada.

Capítulo 10
Humanidad Verdadera

La humanidad, conocida como *Ren* en el confucianismo, constituye la virtud suprema que guía y da sentido a todas las demás. Más que una simple cualidad ética, *Ren* encapsula el principio de la benevolencia activa, la capacidad de conectarse con los demás desde el entendimiento profundo y el respeto mutuo. Este concepto, central en las enseñanzas de Confucio, no solo define la esencia de una vida virtuosa, sino que también establece el fundamento de una sociedad armoniosa y equilibrada.

En su sentido más amplio, *Ren* se traduce como humanidad o benevolencia, pero estas palabras apenas alcanzan a capturar su verdadera profundidad. *Ren* es la capacidad de sentir empatía por los demás, de actuar con compasión y de buscar el bienestar común por encima de los intereses individuales. Para Confucio, una persona verdaderamente humana no solo se preocupa por su propio progreso moral, sino que también asume la responsabilidad de mejorar la vida de quienes la rodean.

El cultivo de *Ren* comienza en las relaciones más cercanas, especialmente en la familia. A través de la práctica de la piedad filial (*Xiao*), el respeto hacia los padres y los ancianos, los individuos aprenden las bases de la empatía y el altruismo. Este compromiso inicial con el bienestar de los familiares se convierte en un modelo que se extiende hacia la comunidad y, eventualmente, hacia toda la humanidad. En este sentido, *Ren* no es solo una virtud personal, sino una fuerza transformadora que conecta al individuo con un propósito colectivo.

En la práctica, *Ren* se manifiesta a través de actos concretos que demuestran bondad y consideración hacia los demás. En los *Analectos*, Confucio señala: "No hagas a los demás lo que no quisieras que te hagan a ti". Este principio, que a menudo se conoce como la Regla de Oro, resalta la naturaleza práctica de *Ren*: no es suficiente pensar en términos abstractos sobre la benevolencia; se debe actuar en consonancia con ella en cada interacción.

La verdadera humanidad también implica una comprensión profunda de las necesidades y emociones de los demás. Para practicar *Ren*, es necesario desarrollar la capacidad de ponerse en el lugar del otro, de reconocer su sufrimiento y de responder de manera adecuada. Este acto de empatía activa no solo fortalece los lazos entre las personas, sino que también fomenta un entorno donde la cooperación y el entendimiento mutuo pueden prosperar.

En el ámbito social, *Ren* es la base de todas las relaciones humanas. Según Confucio, una sociedad armoniosa solo puede existir cuando sus miembros actúan con humanidad. Los gobernantes, en particular, tienen la responsabilidad de practicar *Ren* al liderar con compasión y justicia. Un líder que actúa con *Ren* inspira confianza y respeto, creando un modelo de conducta que los demás están dispuestos a seguir. Este enfoque contrasta marcadamente con las filosofías que abogan por el control mediante la fuerza o el temor, subrayando la creencia confuciana de que la virtud es más poderosa que cualquier forma de coerción.

La conexión entre *Ren* y otras virtudes es fundamental en el confucianismo. La humanidad no puede existir sin la justicia (*Yi*), que guía las decisiones hacia lo correcto, ni sin la propiedad ritual (*Li*), que proporciona el marco para que las interacciones sean respetuosas y ordenadas. De manera similar, la sabiduría (*Zhi*) y la sinceridad (*Xin*) son necesarias para practicar *Ren* de manera efectiva, asegurando que la benevolencia esté informada por el conocimiento y sea respaldada por la honestidad.

En el proceso de cultivar *Ren*, la autodisciplina juega un papel esencial. Para Confucio, la humanidad no surge de manera espontánea; requiere un esfuerzo constante para superar las tendencias egoístas y actuar de acuerdo con los principios éticos.

Esta disciplina no es una imposición externa, sino una práctica consciente que fortalece el carácter y refuerza el compromiso con los ideales confucianos.

Además, *Ren* no es una virtud limitada a la interacción humana; también refleja una conexión más amplia con el orden natural y el universo. En la filosofía confuciana, la humanidad está alineada con el *Mandato del Cielo* (*Tianming*), el principio que rige tanto el cosmos como las relaciones humanas. Al actuar con *Ren*, los individuos no solo contribuyen a la armonía social, sino que también se alinean con el orden moral universal, participando en una visión más amplia de equilibrio y propósito.

La humanidad verdadera, tal como se define en el confucianismo, es tanto un ideal como un camino. Aunque alcanzar *Ren* en su forma más completa puede parecer una meta lejana, cada acción benevolente acerca al individuo a este objetivo. Confucio enfatizaba que incluso los pequeños actos de bondad tienen un impacto significativo, tanto en la vida de quienes los reciben como en el carácter de quienes los realizan.

A lo largo de la historia, *Ren* ha demostrado ser una guía poderosa para enfrentar los desafíos éticos y sociales. En un mundo cada vez más marcado por la división y el conflicto, las enseñanzas sobre la humanidad ofrecen un recordatorio oportuno de la importancia de la empatía y la cooperación. En lugar de centrarse únicamente en los intereses propios, *Ren* invita a las personas a considerar cómo sus acciones afectan a los demás y cómo pueden contribuir al bienestar común.

La práctica de *Ren* también tiene un impacto profundo en el bienestar personal. Al actuar con humanidad, los individuos experimentan una sensación de propósito y satisfacción que trasciende las recompensas materiales. Este sentido de conexión con los demás y con el universo proporciona una base para una vida plena y significativa, mostrando que el verdadero éxito no se mide por la riqueza o el poder, sino por la capacidad de vivir de acuerdo con los principios éticos.

En última instancia, la humanidad verdadera es el corazón del confucianismo. Es la virtud que da vida a todas las demás y que conecta al individuo con la sociedad y el cosmos. A través de *Ren*, las enseñanzas de Confucio trascienden las barreras del tiempo y el espacio, ofreciendo una guía atemporal para quienes buscan construir un mundo más justo, compasivo y armonioso. La humanidad no es solo un ideal ético; es una invitación a actuar con propósito y a vivir de manera que refleje lo mejor de la naturaleza humana.

Capítulo 11
Justicia Natural

La justicia, conocida como *Yi* en el confucianismo, emerge como un principio esencial que conecta la moralidad interna del individuo con sus acciones externas. Es el estándar por el cual una persona evalúa lo que es correcto y lo que es erróneo, no basándose en conveniencias o intereses egoístas, sino en un compromiso profundo con los valores éticos y el bienestar colectivo. Más allá de un concepto abstracto, *Yi* se manifiesta en decisiones prácticas y en la forma en que los individuos responden a las complejidades de la vida cotidiana.

Para Confucio, la justicia no es una imposición externa, sino una cualidad intrínseca que debe ser cultivada a través del autocultivo y la reflexión constante. Actuar con *Yi* implica buscar siempre el camino de la rectitud, incluso cuando este camino sea desafiante o vaya en contra de los propios intereses. En las enseñanzas confucianas, la verdadera justicia se define no solo por las leyes y las reglas, sino por la capacidad del individuo de discernir lo correcto en cada situación, guiado por la virtud y el conocimiento.

La relación entre *Yi* y las demás virtudes confucianas es esencial para comprender su importancia. Sin la humanidad (*Ren*), la justicia carecería de empatía y podría volverse fría o calculadora. Sin la propiedad ritual (*Li*), la justicia podría perder su contexto social, desintegrándose en un mero ejercicio de juicio aislado. Y sin la sabiduría (*Zhi*), la justicia podría malinterpretarse o aplicarse de manera inadecuada. En este sentido, *Yi* actúa como un eje que equilibra y fortalece el conjunto de virtudes que forman el carácter moral en el confucianismo.

La práctica de *Yi* comienza en el ámbito personal, donde cada individuo debe reflexionar sobre sus propias acciones y decisiones. Este proceso no se limita a evitar el mal o la injusticia, sino que también implica tomar iniciativas para promover el bien. En los *Analectos*, Confucio señala que "el hombre superior se preocupa por la justicia; el hombre pequeño se preocupa por el beneficio". Este contraste subraya que actuar con *Yi* requiere priorizar los valores éticos sobre las ganancias materiales o las ventajas personales.

En el ámbito social, *Yi* se convierte en un principio regulador que fomenta la equidad y la responsabilidad. Confucio creía que una sociedad justa no puede surgir de sistemas de control rígidos o castigos severos, sino de la voluntad de sus miembros de actuar con rectitud. Esta visión se extiende al gobierno, donde la justicia no solo debe ser un ideal abstracto, sino una práctica cotidiana que garantice la imparcialidad, la meritocracia y el respeto por los derechos de todos. Un líder que encarna *Yi* no solo administra con eficacia, sino que también inspira a su pueblo a seguir su ejemplo, estableciendo un modelo de gobernanza basado en la virtud.

La justicia también desempeña un papel crucial en la resolución de conflictos. En el confucianismo, los desacuerdos no se resuelven simplemente a través de la fuerza o la imposición de leyes, sino mediante el diálogo y la búsqueda de soluciones que reflejen los principios de *Yi*. Este enfoque no solo fortalece las relaciones humanas, sino que también fomenta un entorno donde el respeto mutuo y la cooperación pueden prosperar.

Un ejemplo histórico de *Yi* en acción se encuentra en las historias de Mencio, quien abogó por la justicia como la base de la legitimidad del gobierno. Según Mencio, un gobernante que ignora la justicia no solo pierde la confianza de su pueblo, sino también el *Mandato del Cielo*. Esta conexión entre la justicia y el orden cósmico subraya la importancia de *Yi* no solo como un principio humano, sino como una fuerza que está alineada con el equilibrio universal.

El confucianismo también reconoce que la justicia puede ser compleja y que no siempre hay respuestas claras a los dilemas éticos. Sin embargo, en lugar de ofrecer reglas rígidas, las enseñanzas confucianas alientan a las personas a desarrollar su capacidad de juicio moral a través de la educación, la reflexión y la experiencia. Este enfoque flexible permite que *Yi* sea aplicado de manera efectiva en una variedad de contextos, desde las relaciones personales hasta las decisiones políticas.

El impacto de *Yi* en la vida comunitaria es profundo. Al actuar con justicia, los individuos no solo fortalecen su propio carácter, sino que también contribuyen al bienestar colectivo. En una comunidad donde la justicia es valorada y practicada, las relaciones se basan en la confianza, la equidad y el respeto. Esto crea un entorno donde la armonía puede florecer, demostrando que *Yi* no es solo un ideal ético, sino una base para la estabilidad social.

La importancia de *Yi* también se refleja en su capacidad para inspirar el cambio. En tiempos de injusticia o corrupción, actuar con *Yi* puede ser un acto de resistencia y un llamado a la renovación moral. La justicia no es simplemente un estado que se alcanza, sino un proceso continuo que requiere vigilancia, compromiso y acción constante.

En el confucianismo, la justicia no se mide por resultados inmediatos o visibles, sino por la intención y el esfuerzo de actuar con integridad. Este énfasis en el proceso, más que en el resultado, refuerza la idea de que *Yi* no es un medio para un fin, sino un fin en sí mismo.

En última instancia, *Yi* representa el compromiso del individuo con un estándar más elevado de conducta, uno que trasciende las consideraciones egoístas y se alinea con los principios universales de rectitud y armonía. A través de la práctica de *Yi*, las enseñanzas de Confucio nos invitan a reflexionar sobre nuestras propias acciones, a buscar el equilibrio entre nuestros intereses y los de los demás, y a contribuir a la construcción de un mundo más justo y virtuoso.

En un tiempo donde la justicia a menudo parece eclipsada por el poder y la conveniencia, el concepto de *Yi* ofrece una visión renovadora: un recordatorio de que la rectitud no solo es posible, sino necesaria para alcanzar la verdadera humanidad y la armonía duradera. Actuar con *Yi* no es simplemente una elección ética; es una afirmación de lo que significa vivir en conexión con lo mejor de nosotros mismos y con el orden universal.

Capítulo 12
Ritos Sagrados

Los ritos, o *Li*, ocupan un lugar central en la filosofía confuciana, no como ceremonias vacías o formalismos sociales, sino como expresiones profundas de orden, virtud y conexión. En la visión confuciana, *Li* no solo regula las relaciones humanas, sino que también sirve como puente entre el individuo, la comunidad y el cosmos. A través de los ritos, las personas transforman sus intenciones internas en acciones tangibles, cultivando la armonía y reforzando el tejido social.

En sus enseñanzas, Confucio destacó que los ritos no son meras prácticas externas; son manifestaciones de un carácter virtuoso y un medio para alcanzar el equilibrio entre lo interno y lo externo. *Li* abarca desde rituales solemnes, como los funerales y las ceremonias ancestrales, hasta normas de conducta diaria, como el respeto hacia los mayores, el saludo cortés y la moderación en el habla. Cada uno de estos actos tiene un propósito: reforzar los valores fundamentales de respeto, jerarquía, responsabilidad y empatía.

Los orígenes de los ritos confucianos se remontan a las antiguas tradiciones chinas, donde los rituales desempeñaban un papel esencial en la conexión con el *Tian* (Cielo) y los antepasados. Estas prácticas ancestrales evolucionaron bajo la influencia de Confucio, quien las reformuló y les otorgó un significado moral y ético. Para él, los ritos no solo fortalecían los vínculos entre los vivos y los muertos, sino que también reflejaban los principios de una vida bien ordenada.

La función de *Li* va más allá de la simple regulación social. Los ritos confucianos actúan como un espejo que refleja la virtud interna de quienes los practican. Por ejemplo, un saludo respetuoso no solo muestra cortesía, sino que también revela el compromiso del individuo con los valores de humildad y consideración. En este sentido, *Li* no es un fin en sí mismo, sino un medio para cultivar y expresar la virtud.

En el ámbito familiar, los ritos desempeñan un papel crucial en la transmisión de valores intergeneracionales. Las ceremonias de veneración a los antepasados no solo honran la memoria de los que han partido, sino que también refuerzan la piedad filial (*Xiao*), conectando a cada miembro de la familia con un legado más amplio de responsabilidades y deberes. Estas prácticas enseñan a los individuos a ver más allá de sus propias vidas, reconociendo su lugar en una cadena de relaciones que trasciende el tiempo.

En la sociedad, *Li* proporciona un marco para las interacciones humanas, promoviendo la cohesión y la estabilidad. Cada rito, ya sea formal o cotidiano, está diseñado para reforzar la armonía colectiva. Por ejemplo, los banquetes rituales no solo son oportunidades para el disfrute, sino que también sirven para reafirmar las relaciones jerárquicas y la reciprocidad entre los participantes. A través de estas interacciones estructuradas, los ritos confucianos enseñan a las personas a equilibrar sus propios deseos con las necesidades del grupo, fomentando un sentido de comunidad.

En el gobierno, los ritos son herramientas esenciales para garantizar un liderazgo virtuoso y una administración eficaz. Confucio creía que un gobernante que comprende y respeta los ritos puede inspirar a su pueblo no solo mediante leyes y decretos, sino a través del ejemplo moral. Las ceremonias estatales, como las celebraciones de coronación o los rituales de cosecha, no solo marcan eventos importantes, sino que también simbolizan el compromiso del gobernante con el *Mandato del Cielo* y su responsabilidad hacia el bienestar de su pueblo.

Sin embargo, Confucio también advirtió contra la superficialidad en la práctica de los ritos. Para que *Li* cumpla su propósito, debe estar respaldado por un corazón sincero y una intención virtuosa. Un rito realizado sin convicción interna pierde su poder transformador y se convierte en una formalidad vacía. Este énfasis en la autenticidad subraya la conexión inseparable entre los ritos y la ética personal en el confucianismo.

Además de su papel en las relaciones humanas, *Li* también refleja una conexión con el orden cósmico. En la visión confuciana, los ritos son una forma de alinear las acciones humanas con las leyes universales que rigen el cielo, la tierra y la sociedad. Al practicar *Li*, las personas no solo contribuyen a la armonía social, sino que también participan en un orden más amplio y sagrado. Este sentido de trascendencia da a los ritos confucianos una profundidad que va más allá de lo inmediato, conectando a los practicantes con una realidad universal.

En el mundo moderno, los ritos confucianos ofrecen una guía poderosa para enfrentar los desafíos de la alienación y el individualismo. En un tiempo en el que las conexiones humanas a menudo se debilitan por la velocidad y la superficialidad de la vida contemporánea, las enseñanzas sobre *Li* nos recuerdan la importancia de las pequeñas acciones significativas. Un simple gesto de cortesía, una palabra de agradecimiento o una expresión de respeto pueden restaurar el sentido de comunidad y reafirmar los valores compartidos.

La relevancia de *Li* también se manifiesta en su capacidad para adaptarse a contextos cambiantes. Aunque las formas externas de los ritos pueden variar con el tiempo y las culturas, los principios subyacentes de respeto, reciprocidad y orden permanecen constantes. Este núcleo ético asegura que los ritos sigan siendo una fuente viva de orientación, capaces de responder a las necesidades de cada época sin perder su esencia.

En última instancia, los ritos sagrados del confucianismo nos invitan a reflexionar sobre nuestras propias acciones y su impacto en los demás. A través de *Li*, aprendemos a vivir con intención, a interactuar con respeto y a conectar nuestra existencia individual con un propósito mayor. Los ritos no son solo una práctica cultural; son una expresión de lo que significa ser humano en el contexto de una comunidad y un cosmos.

Así, los ritos confucianos no solo nos recuerdan nuestras responsabilidades hacia los demás, sino que también nos ofrecen una visión de cómo nuestras acciones cotidianas pueden convertirse en vehículos de virtud, armonía y trascendencia. Practicar *Li* no es simplemente seguir una tradición; es comprometerse a construir un mundo más conectado, respetuoso y en equilibrio con los valores eternos que nos unen a todos.

Capítulo 13
Sabiduría Práctica

La sabiduría, o *Zhi*, en la tradición confuciana no es un concepto teórico ni un atributo reservado para una élite intelectual. Es una virtud esencial que guía al individuo en la toma de decisiones morales, en la búsqueda de la verdad y en la aplicación práctica de los principios éticos en la vida cotidiana. Más que un conocimiento acumulado, *Zhi* representa la capacidad de discernir lo correcto en cada situación y de actuar con integridad y eficacia en armonía con los valores confucianos.

En el pensamiento de Confucio, la sabiduría comienza con el reconocimiento de la propia ignorancia. Este acto de humildad intelectual es el primer paso hacia la iluminación, ya que permite al individuo abrirse al aprendizaje y al crecimiento. Para Confucio, no hay virtud más elevada que la disposición a aprender de la experiencia, de los demás y de los textos clásicos. Este proceso de aprendizaje continuo, que incluye tanto la reflexión como la acción, es lo que transforma al conocimiento en sabiduría.

La sabiduría práctica se desarrolla en tres niveles interconectados: el estudio, la reflexión y la aplicación. El estudio proporciona la base, ofreciendo acceso a las enseñanzas de los antiguos y a los principios éticos que guían la vida virtuosa. La reflexión permite al individuo internalizar estas enseñanzas, adaptándolas a su propia experiencia y contexto. La aplicación convierte el conocimiento en acción, asegurando que los principios éticos no se queden en abstracciones, sino que se traduzcan en comportamientos concretos que beneficien a la comunidad.

En los *Analectos*, Confucio enfatiza que la sabiduría práctica no es un privilegio reservado para unos pocos, sino una meta accesible para todos aquellos dispuestos a cultivarla. Afirma que "cuando tres personas caminan juntas, siempre puedo aprender de ellas". Este principio subraya la importancia del aprendizaje mutuo y la observación constante como herramientas para el desarrollo de *Zhi*. La sabiduría no surge de un aislamiento intelectual, sino de una interacción dinámica con el mundo y con las personas que lo habitan.

Uno de los aspectos más destacados de *Zhi* es su relación con otras virtudes confucianas. Sin la humanidad (*Ren*), la sabiduría puede volverse fría y calculadora. Sin la justicia (*Yi*), puede perder su anclaje ético. Y sin la sinceridad (*Xin*), puede carecer de la credibilidad necesaria para influir en los demás. En este sentido, *Zhi* actúa como un catalizador que fortalece y armoniza las demás virtudes, asegurando que todas trabajen juntas para promover el bienestar personal y social.

La sabiduría práctica también se manifiesta en la capacidad de equilibrar el conocimiento teórico con la acción. Para Confucio, el aprendizaje es inútil si no se traduce en comportamiento ético y decisiones que beneficien tanto al individuo como a la comunidad. Este énfasis en la aplicación práctica distingue al confucianismo de otras tradiciones filosóficas que pueden centrarse en la especulación abstracta. En el confucianismo, el verdadero sabio es aquel que no solo comprende los principios éticos, sino que también los encarna en su vida diaria.

La importancia de *Zhi* en la gobernanza es otro tema recurrente en el confucianismo. Un líder sabio no solo debe poseer conocimiento, sino también la capacidad de aplicarlo de manera justa y compasiva. La sabiduría práctica permite al líder equilibrar los intereses de diferentes grupos, resolver conflictos de manera constructiva y tomar decisiones que beneficien al bien común. En este contexto, *Zhi* no es solo una cualidad personal, sino una herramienta esencial para la estabilidad y la armonía social.

En el ámbito personal, la sabiduría práctica ayuda a los individuos a navegar los desafíos éticos de la vida cotidiana. Ya sea en la resolución de conflictos familiares, en la toma de decisiones profesionales o en el manejo de relaciones interpersonales, *Zhi* proporciona una brújula moral que guía hacia soluciones equilibradas y justas. Este enfoque práctico de la sabiduría refuerza la idea de que la ética no es una disciplina abstracta, sino una herramienta viva que debe ser utilizada en cada aspecto de la vida.

Además, *Zhi* incluye la capacidad de aprender de los errores y las experiencias pasadas. Para Confucio, cada fracaso es una oportunidad para crecer y para refinar el propio carácter. La sabiduría no implica la perfección, sino una disposición constante a adaptarse, mejorar y alinear las acciones con los principios éticos. Esta actitud resiliente convierte a *Zhi* en una virtud dinámica que evoluciona con el tiempo y con la experiencia.

La conexión entre *Zhi* y la educación también es fundamental en el confucianismo. Confucio veía la educación no solo como un medio para adquirir conocimientos, sino como un proceso integral de formación moral e intelectual. La sabiduría práctica es el resultado de este proceso, en el que el aprendizaje se convierte en acción virtuosa. Este enfoque holístico de la educación asegura que *Zhi* no sea un fin en sí mismo, sino una herramienta para el autocultivo y la transformación social.

En la era moderna, la sabiduría práctica sigue siendo una virtud esencial para enfrentar los desafíos de un mundo complejo e interconectado. En un tiempo donde la información abunda pero el entendimiento profundo escasea, las enseñanzas confucianas sobre *Zhi* ofrecen una guía valiosa para transformar el conocimiento en acción significativa. Ya sea en la resolución de problemas globales o en la búsqueda de armonía en las relaciones personales, *Zhi* proporciona una base para la toma de decisiones éticas y efectivas.

En última instancia, la sabiduría práctica no es solo una virtud, sino un camino hacia la realización personal y colectiva. A través de *Zhi*, las personas aprenden a vivir con propósito, a actuar con integridad y a contribuir al bienestar de la comunidad. En las enseñanzas de Confucio, la sabiduría no es un ideal distante, sino una realidad accesible para todos aquellos que estén dispuestos a cultivarla con esfuerzo, humildad y compromiso.

Así, *Zhi* se convierte en un recordatorio de que la verdadera sabiduría no reside en acumular conocimientos, sino en aplicar estos conocimientos para crear un mundo más justo, armonioso y humano. Este principio, atemporal en su esencia, continúa siendo una fuente de inspiración para quienes buscan vivir en equilibrio con ellos mismos, con los demás y con el orden universal.

Capítulo 14
Confianza Mutua

La confianza, conocida como *Xin* en el confucianismo, es el pilar sobre el cual se sostienen todas las relaciones humanas, desde los vínculos familiares más cercanos hasta las estructuras más amplias de la sociedad y el gobierno. Es mucho más que la simple creencia en la fiabilidad de alguien; *Xin* es la encarnación de la sinceridad, la integridad y la coherencia entre las palabras y las acciones. Para Confucio, la confianza no solo fortalece los lazos personales, sino que también crea la base para una comunidad armoniosa y un liderazgo legítimo.

En las enseñanzas confucianas, *Xin* no surge de forma espontánea ni se concede automáticamente. La confianza se gana a través de un comportamiento constante y virtuoso, donde las promesas se cumplen, los compromisos se respetan y las acciones reflejan los valores proclamados. Este principio, que parece simple, tiene implicaciones profundas en todos los aspectos de la vida, desde la interacción diaria hasta la administración de un estado.

En el ámbito personal, la confianza comienza con la sinceridad del individuo hacia sí mismo. Confucio enseñaba que no se puede ser digno de confianza para los demás si primero no se actúa con honestidad interna. Este compromiso con la autenticidad forma la base para todas las demás virtudes, ya que sin *Xin*, incluso las mejores intenciones pueden verse socavadas por la inconsistencia o la duda. En este sentido, *Xin* es tanto una virtud moral como una práctica constante de autocultivo.

La confianza mutua se construye a través de las interacciones diarias, en las cuales cada acto de cumplimiento refuerza los lazos entre las personas. En una familia, por ejemplo, los padres que cumplen con sus promesas no solo ganan el respeto de sus hijos, sino que también les enseñan el valor de la integridad. Este ciclo de confianza no solo fortalece las relaciones familiares, sino que también prepara a los individuos para interactuar con la sociedad de manera responsable y ética.

En el ámbito social, *Xin* tiene un impacto aún mayor. Una comunidad donde las personas actúan con sinceridad y confianza mutua se caracteriza por la cooperación, la estabilidad y el respeto. Por el contrario, la desconfianza genera divisiones, conflictos y un debilitamiento de los lazos sociales. Confucio reconoció que la confianza no es simplemente una virtud individual, sino un principio que influye en la estructura misma de una sociedad. En sus palabras, "sin confianza, no se puede sostener una comunidad".

Este principio se extiende al liderazgo y al gobierno, donde *Xin* se convierte en una condición indispensable para la legitimidad y la eficacia. Un líder digno de confianza inspira lealtad y cooperación, mientras que uno que carece de integridad enfrenta resistencia y desconfianza. Para Confucio, el liderazgo no se basa únicamente en la autoridad o el poder, sino en la capacidad de actuar como un modelo moral. Cuando un gobernante cumple sus promesas y demuestra coherencia entre sus palabras y acciones, se establece una base de confianza que une al pueblo y al estado.

La relación entre *Xin* y otras virtudes confucianas es crucial para su comprensión. Sin humanidad (*Ren*), la confianza puede volverse superficial o utilitaria, limitada a un intercambio de beneficios mutuos. Sin justicia (*Yi*), la confianza puede ser explotada o manipulada. Y sin propiedad ritual (*Li*), la confianza carece del marco cultural que le da estabilidad y significado. En este sentido, *Xin* no actúa en aislamiento, sino como parte de un sistema ético más amplio que refuerza su impacto y relevancia.

El valor de *Xin* también se manifiesta en su capacidad para resolver conflictos y restaurar relaciones dañadas. En las enseñanzas confucianas, la sinceridad es el primer paso hacia la reconciliación, ya que demuestra un compromiso genuino con la verdad y con el bienestar del otro. Este enfoque no solo ayuda a resolver disputas personales, sino que también fortalece la cohesión social al fomentar un entorno de honestidad y respeto mutuo.

En la práctica, *Xin* requiere un equilibrio constante entre las palabras y las acciones. No se trata simplemente de cumplir con obligaciones externas, sino de actuar de manera que refleje un compromiso interno con la integridad. Esto incluye ser honesto incluso en situaciones difíciles, admitir errores cuando sea necesario y mantener una conducta coherente en todas las circunstancias. Este nivel de compromiso no solo refuerza la confianza, sino que también eleva el carácter moral del individuo.

El impacto de *Xin* en la estabilidad política es otro tema central en el confucianismo. Confucio advirtió que un estado sin confianza está destinado al colapso, ya que ninguna cantidad de leyes o castigos puede compensar la falta de integridad en sus líderes. En este contexto, *Xin* no es simplemente una virtud personal, sino un principio fundamental para la gobernanza efectiva. Un líder que actúa con sinceridad no solo inspira confianza en su administración, sino que también establece un ejemplo que fomenta la virtud en toda la sociedad.

En el mundo moderno, la relevancia de *Xin* sigue siendo evidente. En un tiempo donde la desconfianza parece prevalecer en las instituciones, las relaciones y las comunidades, las enseñanzas confucianas sobre la confianza mutua ofrecen una guía poderosa para reconstruir los lazos sociales y promover una convivencia armoniosa. Desde el cumplimiento de compromisos personales hasta la transparencia en el liderazgo, *Xin* proporciona un marco ético para enfrentar los desafíos de la vida contemporánea.

Sin embargo, la confianza no se construye de la noche a la mañana, ni se puede dar por sentada. Requiere esfuerzo constante, una vigilancia cuidadosa y un compromiso genuino con los principios éticos. Cada acción, por pequeña que sea, contribuye a fortalecer o a debilitar la confianza, lo que subraya la importancia de actuar con integridad en cada momento.

En última instancia, *Xin* no es solo una virtud, sino un vínculo que conecta a las personas, las comunidades y las instituciones en una red de relaciones basadas en el respeto, la sinceridad y la cooperación. A través de la confianza mutua, las enseñanzas de Confucio nos invitan a construir un mundo donde las palabras tengan peso, las acciones sean consistentes y las relaciones humanas se fortalezcan por la autenticidad y el respeto.

Así, *Xin* se convierte en un recordatorio eterno de que la confianza no es solo un valor ético, sino una fuerza transformadora que puede sanar divisiones, inspirar liderazgo y crear una sociedad más unida y armoniosa. Practicar *Xin* no es simplemente una elección moral; es un acto de fe en la capacidad humana para construir un futuro basado en la verdad, la integridad y la conexión genuina.

Capítulo 15
Armonía Universal

La armonía, conocida como *He* en el confucianismo, se erige como el ideal supremo que permea todas las virtudes y relaciones humanas. No se limita a la ausencia de conflicto o discordia, sino que implica un estado dinámico de equilibrio en el que las diferencias se integran para crear un todo cohesionado. En las enseñanzas de Confucio, *He* es el reflejo de un orden cósmico y social que guía al individuo hacia una vida en sintonía con la naturaleza, la comunidad y el universo.

La búsqueda de la armonía comienza en el interior del individuo, donde el equilibrio entre emociones, pensamientos y acciones forma la base para una vida virtuosa. Confucio enseñaba que la verdadera armonía no surge de la conformidad ciega, sino de la capacidad de moderar los impulsos personales y alinear las propias acciones con los principios éticos. Este proceso, que requiere autocultivo y reflexión constante, no solo beneficia al individuo, sino que también repercute en la sociedad al fomentar un entorno de respeto y cooperación.

En el contexto familiar, *He* se manifiesta en las relaciones entre padres, hijos, hermanos y cónyuges. Confucio veía la familia como el microcosmos de la sociedad, donde los valores de respeto mutuo, responsabilidad y amor se aprenden y practican. La armonía familiar no implica la ausencia de diferencias, sino la capacidad de resolver conflictos con empatía y comprensión. A través de la práctica de virtudes como la piedad filial (*Xiao*) y la sinceridad (*Xin*), las familias pueden construir relaciones fuertes y equilibradas que sirvan como modelo para la sociedad en general.

En la comunidad, la armonía se logra cuando las personas reconocen sus roles y responsabilidades, trabajando juntas hacia objetivos comunes. Este ideal se refleja en la relación entre gobernantes y gobernados, donde el liderazgo ético y la cooperación mutua son fundamentales para la estabilidad y el progreso. Según Confucio, un gobernante que actúa con humanidad (*Ren*) y justicia (*Yi*) inspira confianza y lealtad en su pueblo, creando un entorno donde la armonía puede prosperar.

La armonía universal no implica uniformidad, sino la integración de diferencias en un todo cohesivo. Confucio valoraba la diversidad de perspectivas y creencias, siempre y cuando estuvieran enraizadas en principios éticos comunes. Este enfoque inclusivo resalta la importancia del diálogo y la cooperación como herramientas para resolver conflictos y construir un consenso. En lugar de imponer una visión única, la armonía confuciana fomenta un equilibrio donde las diferencias se respetan y se valoran como parte de un orden más amplio.

La relación entre *He* y otras virtudes confucianas es fundamental para su comprensión. Sin justicia (*Yi*), la armonía puede convertirse en una complacencia superficial que ignora las desigualdades y las injusticias. Sin humanidad (*Ren*), puede carecer de profundidad emocional y de verdadera conexión entre las personas. Y sin los rituales (*Li*), la armonía puede perder su marco cultural y social, quedando desprovista de las estructuras que la sostienen. En este sentido, *He* no es solo una virtud en sí misma, sino el resultado de la integración equilibrada de todas las virtudes confucianas.

La práctica de la armonía también tiene un aspecto cósmico, ya que conecta al individuo y a la sociedad con el orden universal del *Tian* (Cielo). En el pensamiento confuciano, la armonía no es solo un ideal humano, sino una expresión del equilibrio natural que rige el universo. Al vivir en armonía con las leyes de la naturaleza y con los principios éticos, las personas se alinean con este orden cósmico, participando en una realidad más amplia y trascendente.

En el ámbito político, la armonía universal es esencial para la estabilidad y el bienestar de un estado. Confucio enseñaba que un gobierno justo y virtuoso debe buscar el equilibrio entre las necesidades de diferentes grupos y la promoción del bien común. Este enfoque no solo previene los conflictos, sino que también fomenta un sentido de unidad y propósito compartido entre los ciudadanos. La armonía política, basada en la justicia y la confianza, se convierte así en un modelo para todas las demás relaciones sociales.

La armonía universal también tiene implicaciones prácticas en la vida cotidiana. Desde resolver un desacuerdo con un amigo hasta gestionar un equipo en el trabajo, el principio de *He* ofrece una guía para enfrentar los desafíos de manera constructiva y equilibrada. Al centrarse en el respeto mutuo y la búsqueda de soluciones que beneficien a todas las partes, la práctica de la armonía refuerza las relaciones humanas y contribuye al bienestar colectivo.

En la era moderna, la búsqueda de la armonía universal sigue siendo relevante para enfrentar problemas globales como el cambio climático, la desigualdad social y los conflictos internacionales. Las enseñanzas confucianas sobre *He* ofrecen una perspectiva que enfatiza la interconexión y la responsabilidad compartida, inspirando soluciones basadas en la cooperación y el equilibrio. Este enfoque, profundamente enraizado en los valores éticos, resalta la importancia de trabajar juntos hacia un futuro sostenible y justo.

Sin embargo, la armonía no es un estado que se alcance de una vez por todas, sino un proceso continuo que requiere esfuerzo, reflexión y adaptación. Cada acción, por pequeña que sea, contribuye a construir o a socavar la armonía, lo que subraya la importancia de actuar con intención y compromiso ético en cada momento.

En última instancia, *He* no es solo un ideal ético, sino un principio que conecta al individuo con la sociedad y con el universo. A través de la práctica de la armonía, las enseñanzas de Confucio nos invitan a vivir de manera equilibrada y significativa, integrando nuestras diferencias en un propósito común y participando en un orden más amplio que trasciende nuestras propias vidas.

Así, la armonía universal se convierte en una guía para construir un mundo más justo, inclusivo y sostenible. Practicar *He* no es simplemente una elección ética; es un acto de reconocimiento de nuestra interconexión con los demás y con el cosmos, una afirmación de que el equilibrio y la cooperación son esenciales para alcanzar la verdadera plenitud humana.

Capítulo 16
Orden Natural

El concepto de *Tian*, el Cielo, ocupa un lugar central en el pensamiento confuciano, no solo como una fuerza cósmica que guía el universo, sino como el origen del orden moral que estructura las relaciones humanas y la vida social. La idea de un orden natural, impregnado de justicia y armonía, resuena profundamente en las enseñanzas de Confucio, ofreciendo una visión del mundo en la que cada ser tiene un propósito y un lugar. Este orden no es impuesto por la fuerza, sino que se revela a través de las virtudes, los rituales y la sabiduría.

El *Mandato del Cielo* (*Tianming*) es una de las expresiones más poderosas de este orden natural. En la tradición confuciana, el *Mandato del Cielo* no es simplemente una justificación para el poder político, sino un principio ético que exige a los gobernantes actuar con virtud y compasión. Un líder que no encarna la justicia (*Yi*) y la humanidad (*Ren*) pierde el favor del Cielo y, por ende, su legitimidad. Este principio no solo establece un vínculo entre la moralidad y el gobierno, sino que también subraya la responsabilidad de cada individuo de vivir en armonía con las leyes naturales y éticas.

El orden natural no se limita al ámbito político; se extiende a todos los aspectos de la vida humana. En las relaciones familiares, este orden se manifiesta en la jerarquía y el respeto mutuo, donde cada miembro de la familia tiene un rol específico que contribuye al equilibrio del hogar. En la sociedad, el orden natural guía las interacciones entre individuos, asegurando que cada persona actúe conforme a su posición y responsabilidades.

Este respeto por el lugar y el propósito de cada uno es lo que permite que la sociedad funcione como un todo coherente.

La conexión entre el orden natural y las virtudes confucianas es esencial. Sin la humanidad (*Ren*), el orden natural podría percibirse como un sistema frío y rígido. Sin la sabiduría (*Zhi*), su comprensión y aplicación se volverían inexactas o arbitrarias. Y sin los rituales (*Li*), el orden natural carecería de las estructuras culturales que lo hacen accesible y significativo en la vida diaria. Estas virtudes, junto con la confianza (*Xin*) y la armonía (*He*), actúan como puentes entre el orden cósmico y la experiencia humana, permitiendo que las personas vivan en sintonía con las leyes universales.

La idea de un orden natural no implica una aceptación pasiva del destino. En lugar de eso, el confucianismo enfatiza el papel activo del individuo en la búsqueda de la virtud y el autocultivo para alinearse con este orden. En las enseñanzas de Confucio, cada persona tiene la capacidad y la responsabilidad de participar en el equilibrio universal a través de sus pensamientos, palabras y acciones. Este enfoque transforma al orden natural en un ideal dinámico, donde la armonía no es un estado fijo, sino un proceso continuo de ajuste y mejora.

El *Tian* también tiene un aspecto profundamente espiritual, conectando al individuo con algo más grande que sí mismo. En el pensamiento confuciano, vivir en armonía con el orden natural no solo promueve la estabilidad y la justicia, sino que también ofrece un sentido de propósito y trascendencia. Al actuar conforme a las leyes éticas y naturales, las personas no solo mejoran sus vidas y comunidades, sino que también participan en el equilibrio cósmico, contribuyendo al bienestar universal.

En el ámbito político, el concepto de orden natural tiene implicaciones prácticas significativas. Un gobernante que comprende y respeta este orden no solo administra con eficacia, sino que también inspira confianza y lealtad en su pueblo. Este enfoque contrasta con los sistemas de gobierno basados en la fuerza o el temor, subrayando que el poder auténtico proviene de la virtud y el alineamiento con los principios éticos. El confucianismo sostiene que un gobierno basado en el orden natural no solo es más justo, sino también más sostenible, ya que fomenta la cooperación y el respeto mutuo en lugar de la coerción.

En la vida cotidiana, el orden natural guía las decisiones y acciones de las personas, ofreciendo un marco para enfrentar los desafíos y resolver conflictos. Desde el manejo de las relaciones familiares hasta la interacción con colegas y vecinos, el respeto por el orden natural ayuda a las personas a actuar con integridad y equilibrio. Este principio no solo mejora las relaciones humanas, sino que también promueve una vida más plena y significativa al conectar a los individuos con un propósito más amplio.

En el mundo contemporáneo, el concepto de orden natural tiene una relevancia renovada. En un tiempo marcado por la desconexión y la fragmentación, las enseñanzas confucianas ofrecen una visión que enfatiza la interconexión y la responsabilidad compartida. Ya sea en la búsqueda de soluciones para problemas globales como el cambio climático o en la construcción de comunidades más inclusivas y solidarias, el orden natural proporciona un marco ético para actuar con sabiduría y compasión.

Sin embargo, vivir en armonía con el orden natural no es un desafío fácil. Requiere un esfuerzo constante de autocultivo, una disposición a aprender de los demás y un compromiso con los valores éticos incluso en circunstancias difíciles. Cada acción, por pequeña que sea, contribuye al equilibrio o al desequilibrio del todo, lo que subraya la importancia de actuar con intención y responsabilidad en cada momento.

En última instancia, el orden natural no es solo un ideal ético, sino una invitación a participar en la creación de un mundo más justo y armonioso. A través de las enseñanzas de Confucio, se nos recuerda que nuestras vidas no están aisladas, sino profundamente conectadas con los demás y con el cosmos. Vivir en sintonía con el orden natural no solo enriquece nuestra existencia, sino que también contribuye al bienestar colectivo y al equilibrio universal.

Así, el concepto de *Tian* y el orden natural en el confucianismo nos inspiran a reflexionar sobre nuestras responsabilidades como individuos y como parte de una comunidad más amplia. Practicar este ideal no es simplemente una elección moral; es una afirmación de nuestra conexión con el mundo, un acto de reconocimiento de que nuestras acciones tienen un impacto que trasciende el tiempo y el espacio. Al alinearnos con el orden natural, no solo vivimos con propósito, sino que también participamos en la creación de un futuro más equilibrado y lleno de significado.

Capítulo 17
Jerarquía Social

La jerarquía social ocupa un lugar central en el pensamiento confuciano, no como una estructura rígida que oprime al individuo, sino como un sistema ético que organiza las relaciones humanas en un marco de armonía y respeto mutuo. Para Confucio, la jerarquía es una expresión natural del orden social, en la que cada persona desempeña un papel específico dentro de un tejido colectivo, contribuyendo al bienestar de la comunidad y reflejando los principios universales de equilibrio y justicia.

En las enseñanzas confucianas, la jerarquía no se basa únicamente en el estatus o el poder, sino en la virtud y la responsabilidad. Cada posición dentro de la sociedad implica un conjunto de deberes éticos que garantizan la estabilidad y la cohesión. Por ejemplo, un gobernante no solo tiene autoridad sobre su pueblo, sino también la obligación de actuar con humanidad (*Ren*), justicia (*Yi*) y sabiduría (*Zhi*), sirviendo como modelo moral. De manera similar, los súbditos deben responder con lealtad y respeto, no por sumisión ciega, sino por el reconocimiento de un liderazgo virtuoso.

En el ámbito familiar, la jerarquía se manifiesta en las relaciones entre padres, hijos, hermanos y cónyuges. Este sistema está profundamente arraigado en el concepto de *Xiao* (piedad filial), que enfatiza la importancia del respeto y la devoción hacia los mayores. Sin embargo, la piedad filial no es un deber unilateral; los padres también tienen la responsabilidad de guiar a sus hijos con amor y rectitud, creando un entorno donde el respeto mutuo y el cuidado fortalecen los lazos familiares.

La jerarquía social confuciana no se limita a las relaciones familiares y gubernamentales, sino que abarca todos los aspectos de la interacción humana, desde las amistades hasta las asociaciones profesionales. En cada contexto, las personas tienen roles y responsabilidades que contribuyen al equilibrio colectivo. Esta estructura jerárquica no implica desigualdad, sino una diferenciación funcional que permite a la sociedad operar como un todo armonioso.

Confucio veía la jerarquía como una extensión del orden natural (*Tian*). Al igual que el universo opera en un equilibrio preciso entre sus elementos, la sociedad prospera cuando cada individuo cumple su papel con virtud y compromiso. Este principio resalta la conexión entre las acciones individuales y el bienestar colectivo, mostrando cómo la adherencia a la jerarquía ética fortalece tanto al individuo como a la comunidad.

La jerarquía confuciana también depende de la interrelación entre las virtudes. Sin la humanidad (*Ren*), la jerarquía podría degenerar en un sistema opresivo. Sin la justicia (*Yi*), las posiciones de poder podrían ser abusadas. Y sin la sinceridad (*Xin*), las relaciones jerárquicas carecerían de la confianza necesaria para sostenerse. En este sentido, la jerarquía no es un sistema estático, sino un equilibrio dinámico que requiere virtud y esfuerzo constante para mantenerse.

Uno de los aspectos más significativos de la jerarquía confuciana es su énfasis en el liderazgo moral. Confucio enseñaba que un gobernante virtuoso inspira a su pueblo no a través de la coerción, sino mediante el ejemplo. Este principio no solo aplica al gobierno, sino a todas las relaciones jerárquicas, desde maestros y estudiantes hasta empleadores y empleados. La autoridad, en este marco, no es una herramienta para imponer la voluntad personal, sino una responsabilidad para guiar y servir al bien común.

A pesar de sus beneficios, la jerarquía social confuciana no está exenta de desafíos. Confucio reconoció que las jerarquías pueden ser distorsionadas por la corrupción, el egoísmo y la ignorancia. Por esta razón, enfatizó la importancia del autocultivo y la educación como herramientas para garantizar que las personas en posiciones de autoridad actúen con integridad. Cuando la jerarquía se basa en la virtud y no en el privilegio, se convierte en una fuerza para la justicia y la armonía.

En el mundo moderno, la idea de jerarquía social a menudo se enfrenta a críticas, particularmente en contextos donde se percibe como una fuente de desigualdad o restricción. Sin embargo, las enseñanzas confucianas ofrecen una perspectiva que enfatiza la flexibilidad y el equilibrio. La jerarquía no debe ser vista como un sistema rígido, sino como una red de relaciones interdependientes donde cada individuo contribuye al bienestar colectivo de acuerdo con sus capacidades y responsabilidades.

Este enfoque tiene implicaciones prácticas en la vida cotidiana. Por ejemplo, en el lugar de trabajo, un líder que actúa con empatía y justicia no solo mejora la moral del equipo, sino que también fomenta un entorno de respeto y colaboración. De manera similar, en las familias, la jerarquía basada en el respeto mutuo y el cuidado recíproco fortalece los lazos y proporciona una base sólida para la educación y el desarrollo personal.

La jerarquía social confuciana también tiene relevancia en contextos globales. En un mundo cada vez más interconectado, las enseñanzas sobre la interdependencia y la responsabilidad compartida ofrecen una guía para construir sociedades más justas y armoniosas. Al reconocer las diferencias de roles y responsabilidades, pero al mismo tiempo enfatizar la igualdad en dignidad y valor, el confucianismo proporciona un marco ético para abordar los desafíos de la diversidad y la desigualdad.

Sin embargo, mantener una jerarquía ética requiere esfuerzo constante. No basta con ocupar una posición de autoridad o seguir reglas establecidas; es necesario actuar con integridad, compasión y sabiduría en cada interacción. Cada decisión y acción contribuye a fortalecer o a debilitar la jerarquía, lo que subraya la importancia de la virtud personal en el sostenimiento del orden social.

En última instancia, la jerarquía social en el confucianismo no es solo un sistema de organización, sino una expresión de los principios más profundos de justicia, responsabilidad y armonía. A través de su práctica, las enseñanzas de Confucio nos invitan a reflexionar sobre nuestras propias responsabilidades y a actuar de manera que fortalezca el tejido colectivo de nuestras comunidades.

Así, la jerarquía social confuciana nos recuerda que cada uno de nosotros tiene un papel que desempeñar en la creación de un mundo más equilibrado y justo. Este principio, profundamente enraizado en las virtudes éticas, continúa siendo una fuente de inspiración para quienes buscan vivir en armonía con los demás y con el orden universal. Practicar esta jerarquía no es simplemente una obligación social, sino un acto de reconocimiento de nuestra interconexión y de nuestra capacidad para contribuir al bienestar colectivo.

Capítulo 18
Piedad Filial

La piedad filial, conocida como *Xiao*, es el núcleo ético del confucianismo y la base sobre la cual se construyen todas las relaciones humanas. Más que un simple acto de obediencia o respeto hacia los padres, *Xiao* representa una filosofía de vida que conecta al individuo con su familia, su comunidad y el cosmos. Este principio, profundamente arraigado en las tradiciones chinas, no solo promueve la armonía en las relaciones familiares, sino que también establece un modelo para la virtud y la responsabilidad en todos los niveles de la sociedad.

Confucio enseñaba que la piedad filial comienza con el respeto y el cuidado hacia los padres. Este deber no es solo una obligación moral, sino una expresión de gratitud por el sacrificio y el amor con el que los padres han guiado a sus hijos. Sin embargo, *Xiao* trasciende el ámbito de la vida doméstica. La relación entre padres e hijos sirve como una metáfora para todas las demás relaciones jerárquicas, incluidas las entre gobernantes y gobernados, maestros y estudiantes, y ancianos y jóvenes. En este sentido, la piedad filial es tanto un principio personal como una fuerza social que sostiene la cohesión y la estabilidad.

La práctica de *Xiao* incluye una variedad de deberes que van desde el respeto diario hasta el cuidado en la vejez y la veneración después de la muerte. Cuidar a los padres ancianos no es solo una cuestión de necesidad práctica; es un acto de virtud que refleja el compromiso del individuo con los valores de responsabilidad y reciprocidad. La veneración de los antepasados, a través de rituales y ofrendas, refuerza esta conexión, no solo con los miembros vivos de la familia, sino también con generaciones pasadas. Este vínculo transgeneracional subraya la continuidad de la vida y la importancia de honrar el legado familiar.

Para Confucio, la piedad filial no es un acto pasivo. Requiere reflexión y discernimiento, especialmente en situaciones donde las acciones de los padres podrían estar en conflicto con los principios éticos. En estos casos, *Xiao* no implica una obediencia ciega, sino un compromiso genuino con el bienestar moral y espiritual de los padres. En los *Analectos*, Confucio enfatiza que "en el servicio a los padres, si uno percibe un error, debe señalarlo respetuosamente". Este enfoque resalta la importancia de combinar el respeto con la rectitud, asegurando que la piedad filial esté alineada con los valores éticos más amplios.

El impacto de *Xiao* en la estructura social es profundo. Al fomentar relaciones fuertes y armoniosas dentro de la familia, la piedad filial actúa como un modelo para la interacción en la sociedad en general. Los principios de respeto, responsabilidad y cuidado que se cultivan en el hogar se extienden a las comunidades y al estado, creando un marco ético que fortalece la cohesión social. En este sentido, *Xiao* no es solo una virtud individual, sino un fundamento para la estabilidad y la prosperidad colectiva.

La conexión entre *Xiao* y otras virtudes confucianas es esencial. Sin humanidad (*Ren*), la piedad filial puede convertirse en un deber mecánico o incluso en una carga. Sin justicia (*Yi*), puede ser explotada o malinterpretada. Y sin los rituales (*Li*), carece de las estructuras culturales que le dan significado y permanencia. En este marco, *Xiao* actúa como un vínculo que integra estas virtudes, asegurando que cada una contribuya al bienestar tanto individual como colectivo.

El papel de *Xiao* en el gobierno es otro aspecto destacado en el confucianismo. Confucio creía que un gobernante que practicara la piedad filial serviría como modelo moral para su pueblo. Este principio se extiende a la administración pública, donde los funcionarios son vistos como cuidadores de la sociedad. Al igual que un hijo debe cuidar a sus padres, los líderes deben actuar con responsabilidad y compasión hacia aquellos bajo su cargo. Este enfoque establece un estándar ético para el liderazgo, basado en la reciprocidad y el servicio.

En la era moderna, la piedad filial enfrenta desafíos únicos, especialmente en contextos donde las estructuras familiares tradicionales están cambiando. Sin embargo, las enseñanzas de Confucio ofrecen una guía valiosa para abordar estos cambios sin perder de vista los principios fundamentales. En un tiempo de individualismo creciente, *Xiao* nos recuerda la importancia de las relaciones y las responsabilidades compartidas, destacando que el bienestar personal está profundamente conectado con el bienestar de los demás.

La relevancia de *Xiao* también se manifiesta en la relación entre generaciones. En una sociedad donde los jóvenes a menudo enfrentan presiones para priorizar la independencia sobre la comunidad, las enseñanzas sobre la piedad filial ofrecen un equilibrio, mostrando cómo la conexión con los padres y los ancianos puede enriquecer la vida tanto emocional como éticamente. Al mismo tiempo, *Xiao* invita a los mayores a guiar con sabiduría y comprensión, creando una relación recíproca que beneficia a ambas partes.

La práctica de *Xiao* no se limita a los contextos tradicionales; puede adaptarse a las necesidades y realidades contemporáneas. Desde apoyar a los padres en decisiones importantes hasta preservar las historias y tradiciones familiares, la piedad filial sigue siendo un principio dinámico que puede evolucionar sin perder su esencia. Este enfoque flexible asegura que *Xiao* continúe siendo una fuerza vital en la construcción de comunidades fuertes y éticamente conscientes.

En última instancia, la piedad filial no es solo una virtud, sino una forma de vida que conecta al individuo con algo más grande que sí mismo. A través de *Xiao*, las enseñanzas de Confucio nos invitan a reflexionar sobre nuestras relaciones y a actuar de manera que honre tanto a nuestros seres queridos como a los principios universales de justicia y humanidad.

Así, *Xiao* se convierte en un recordatorio de que el respeto y el cuidado no son solo responsabilidades, sino oportunidades para construir un mundo más armonioso y conectado. Practicar la piedad filial no es simplemente cumplir con un deber; es participar en un acto de amor y gratitud que trasciende el tiempo, fortaleciendo los lazos que nos unen a nuestras familias, nuestras comunidades y el cosmos.

Capítulo 19
Lazos Familiares

Los lazos familiares, en el confucianismo, se consideran la base de toda la estructura social y el modelo primario para todas las relaciones humanas. Estos lazos no solo unen a los miembros de una familia, sino que reflejan el tejido ético y moral que sostiene la sociedad en su conjunto. Confucio veía a la familia como el microcosmos del estado, un espacio donde las virtudes como el respeto, la responsabilidad y la armonía se cultivan y luego se proyectan hacia la comunidad más amplia.

En el pensamiento confuciano, las *Cinco Relaciones Fundamentales* (*Wu Lun*) son el pilar para entender los lazos familiares y sociales. Estas relaciones —entre gobernante y súbdito, padre e hijo, esposo y esposa, hermano mayor y hermano menor, y entre amigos— establecen un sistema jerárquico y ético que define los roles y las responsabilidades de cada individuo. Dentro de este marco, las relaciones familiares ocupan un lugar central, ya que actúan como el primer espacio donde se aprenden y practican estas virtudes.

La relación entre padre e hijo es el núcleo de los lazos familiares confucianos. Basada en el principio de la piedad filial (*Xiao*), esta relación enfatiza tanto el respeto como el cuidado mutuo. Los hijos deben honrar y obedecer a sus padres, pero este deber no es unilateral. Los padres, a su vez, tienen la responsabilidad de guiar a sus hijos con sabiduría, amor y disciplina. Este intercambio mutuo crea un ciclo de apoyo y aprendizaje que fortalece la estructura familiar y fomenta la transmisión de valores éticos a través de las generaciones.

El vínculo entre hermanos también es crucial en el confucianismo. Confucio destacaba la importancia de la armonía entre hermanos como un reflejo del equilibrio dentro de la familia. El hermano mayor tiene la responsabilidad de actuar como guía y modelo para los menores, mientras que estos deben mostrar respeto y disposición para aprender. Este principio no solo fomenta la cohesión dentro de la familia, sino que también enseña a los individuos a interactuar con otros en la sociedad de manera respetuosa y colaborativa.

La relación entre esposo y esposa, aunque tradicionalmente enmarcada en una jerarquía, también se fundamenta en la reciprocidad y el respeto mutuo. El esposo es visto como el protector y guía, mientras que la esposa desempeña un papel central en el cuidado del hogar y la crianza de los hijos. Sin embargo, ambos comparten la responsabilidad de mantener la armonía y el bienestar de la familia. Este enfoque subraya que el respeto y el entendimiento mutuo son esenciales para la estabilidad y la felicidad conyugal.

La conexión entre los lazos familiares y los rituales (*Li*) es otro aspecto fundamental en el confucianismo. Los rituales familiares, como las ceremonias ancestrales y las tradiciones cotidianas, no solo fortalecen los lazos entre los miembros, sino que también conectan a la familia con sus raíces y su historia. Estos rituales actúan como recordatorios tangibles de los valores familiares y como herramientas para transmitir estos valores a las generaciones futuras.

Confucio veía los lazos familiares como la base para la educación moral. Los niños aprenden virtudes como la honestidad, la compasión y la responsabilidad a través de su interacción diaria con sus familiares. Este proceso de aprendizaje no es solo una preparación para la vida adulta, sino una parte integral del autocultivo. Al practicar estas virtudes dentro del hogar, los individuos desarrollan las habilidades y los valores necesarios para contribuir al bienestar de la sociedad.

Sin embargo, los lazos familiares no están exentos de desafíos. Las tensiones, los conflictos y las diferencias generacionales pueden poner a prueba la cohesión familiar. En estos casos, el confucianismo enfatiza la importancia de la comunicación, la paciencia y el compromiso con los principios éticos. Resolver conflictos de manera respetuosa no solo fortalece las relaciones familiares, sino que también enseña a los individuos a manejar diferencias en otros contextos sociales.

En la sociedad confuciana, los lazos familiares no se limitan a los parientes consanguíneos. La comunidad más amplia también se considera una extensión de la familia. Este enfoque inclusivo refuerza la idea de que los valores y las virtudes cultivados en el hogar deben aplicarse a todas las relaciones humanas, promoviendo una sociedad más armoniosa y conectada.

En la era moderna, los lazos familiares enfrentan nuevos desafíos debido a los cambios en las estructuras familiares, las migraciones y las dinámicas sociales. Sin embargo, las enseñanzas confucianas ofrecen una guía valiosa para fortalecer estas relaciones en un mundo en constante cambio. Desde el cuidado de los padres ancianos hasta la transmisión de tradiciones culturales, los principios confucianos de respeto y responsabilidad continúan siendo relevantes.

La adaptabilidad de los lazos familiares confucianos permite su aplicación en contextos contemporáneos. Por ejemplo, el principio de armonía puede guiar las relaciones en familias diversas, mientras que el respeto mutuo puede ayudar a superar las diferencias generacionales. Al mismo tiempo, las tradiciones familiares pueden servir como anclajes en tiempos de incertidumbre, proporcionando estabilidad y un sentido de identidad.

En última instancia, los lazos familiares en el confucianismo no son solo conexiones personales, sino expresiones de un orden ético y cósmico. A través de estas relaciones, las enseñanzas de Confucio nos invitan a reflexionar sobre nuestra interdependencia y a actuar de manera que honre tanto a nuestras familias como a los principios universales de justicia y humanidad.

Así, los lazos familiares se convierten en una fuente de fortaleza y sabiduría, una red que nos conecta con nuestras raíces y con el futuro. Practicar estos principios no es simplemente un deber, sino un acto de amor y compromiso que trasciende generaciones, fortaleciendo tanto a las familias como a la sociedad en su conjunto.

Capítulo 20
Relaciones Gubernamentales

En el confucianismo, las relaciones entre gobernantes y gobernados son el reflejo de un pacto ético profundamente arraigado en los principios de virtud, justicia y humanidad. Estas interacciones no son simples transacciones de poder; representan una conexión simbiótica donde el liderazgo ético se encuentra con la responsabilidad ciudadana, y juntos conforman la base de un gobierno armonioso y una sociedad estable. Para Confucio, el gobernante ideal no es un tirano autoritario, sino un ejemplo vivo de virtud que inspira lealtad y respeto a través de sus acciones.

El modelo confuciano de liderazgo comienza con el concepto de *Ren*, la humanidad o benevolencia. Un gobernante que encarna *Ren* actúa con compasión, priorizando el bienestar de su pueblo por encima de sus propios intereses. Este principio no solo establece un estándar ético para los líderes, sino que también refuerza la idea de que el poder no es un derecho inherente, sino una responsabilidad otorgada por el *Mandato del Cielo* (*Tianming*), que puede ser revocado si el líder no cumple con sus deberes morales.

La justicia (*Yi*) es otra virtud central en las relaciones gubernamentales. Para Confucio, un líder debe actuar siempre de manera justa, asegurando que sus decisiones beneficien al bien común y no estén motivadas por el favoritismo o la corrupción. Este enfoque promueve un gobierno donde las leyes son aplicadas de manera imparcial y donde los ciudadanos confían en la integridad de sus líderes. La justicia no solo fortalece la autoridad del gobernante, sino que también crea un entorno de estabilidad y respeto mutuo.

En el marco confuciano, los gobernados también tienen un papel activo en esta relación. Aunque se espera que muestren lealtad y respeto hacia sus líderes, esta obediencia no es ciega. Los ciudadanos tienen el derecho y el deber de señalar cuando un gobernante actúa de manera contraria a los principios éticos. En los *Analectos*, Confucio subraya que "un gobernante virtuoso es aquel que escucha las críticas de su pueblo". Este principio resalta la importancia del diálogo y la responsabilidad mutua en la construcción de una sociedad justa.

La relación entre gobernantes y gobernados se refuerza a través de los rituales (*Li*). Estas prácticas no solo regulan la conducta en las interacciones oficiales, sino que también crean un sentido de orden y respeto que trasciende las jerarquías. Los rituales permiten que tanto los líderes como los ciudadanos participen en un sistema compartido de valores y tradiciones, fortaleciendo el tejido moral y cultural de la comunidad.

El autocultivo es otro elemento esencial para las relaciones gubernamentales en el confucianismo. Un gobernante debe dedicarse al estudio y la práctica constante de las virtudes para liderar con sabiduría y ejemplo. La educación no solo es una herramienta para adquirir conocimientos prácticos, sino un medio para refinar el carácter y alinear las acciones con los principios éticos. Confucio creía firmemente que un líder virtuoso era un reflejo de una sociedad virtuosa, y que la moralidad en el liderazgo era fundamental para el bienestar colectivo.

La reciprocidad, otro principio central del confucianismo, también juega un papel crucial en estas relaciones. Un gobernante que actúa con benevolencia inspira lealtad y cooperación entre sus súbditos, creando un ciclo de respeto mutuo que refuerza la cohesión social. De manera similar, los ciudadanos que cumplen con sus responsabilidades cívicas contribuyen al fortalecimiento del gobierno, permitiendo que este funcione de manera efectiva y ética.

En el contexto político moderno, las enseñanzas confucianas sobre las relaciones gubernamentales ofrecen una perspectiva relevante para abordar los desafíos de liderazgo y gobernanza. En un tiempo donde la corrupción y la desconfianza institucional son comunes, los principios de virtud, justicia y responsabilidad mutua proporcionan una guía ética para restaurar la integridad en las relaciones entre líderes y ciudadanos.

La implementación de estos principios no está exenta de desafíos. Los líderes enfrentan presiones para equilibrar las demandas de diferentes grupos, mientras que los ciudadanos pueden sentirse desilusionados cuando sus expectativas no se cumplen. Sin embargo, el confucianismo enfatiza que el éxito de las relaciones gubernamentales no depende de la perfección, sino del esfuerzo constante por actuar con integridad y mantener un compromiso con el bien común.

Un aspecto particularmente relevante de las relaciones gubernamentales confucianas es su enfoque en la meritocracia. Confucio creía que los líderes debían ser seleccionados no por su estatus social o riqueza, sino por su virtud y competencia. Este principio sigue siendo una fuente de inspiración en la búsqueda de sistemas de gobierno más justos y equitativos, donde las posiciones de poder se otorguen en función del mérito y la capacidad de servir al pueblo.

En la vida cotidiana, las relaciones gubernamentales confucianas se reflejan en la manera en que las personas interactúan con las instituciones y participan en la vida cívica. La responsabilidad individual y colectiva de actuar con honestidad, respetar las leyes y contribuir al bienestar de la comunidad es una extensión de los principios éticos que guían estas relaciones. Este enfoque subraya que la gobernanza no es solo tarea de los líderes, sino un esfuerzo compartido por todos los miembros de la sociedad.

En última instancia, las relaciones gubernamentales en el confucianismo no son solo un sistema de administración, sino una expresión de los ideales más profundos de justicia, humanidad y armonía. A través de estas relaciones, las enseñanzas de Confucio nos invitan a reflexionar sobre nuestras responsabilidades como líderes y ciudadanos, y a actuar de manera que fortalezca tanto las instituciones como los valores éticos que las sostienen.

Así, las relaciones gubernamentales confucianas nos recuerdan que el poder y la autoridad no son fines en sí mismos, sino herramientas para promover el bienestar colectivo. Practicar estos principios no es simplemente una cuestión de política, sino un acto de compromiso con los valores universales de respeto, integridad y responsabilidad compartida.

Capítulo 21
Amistad Virtuosa

En el confucianismo, la amistad es un vínculo que trasciende las simples conexiones sociales para convertirse en una plataforma de crecimiento mutuo y desarrollo moral. Considerada como una de las cinco relaciones fundamentales (*Wu Lun*), la amistad ocupa un lugar privilegiado dentro del pensamiento de Confucio, no solo como una interacción entre individuos, sino como una extensión de las virtudes que cimentan una sociedad armoniosa y ética.

La amistad virtuosa, según los principios confucianos, se construye sobre la base del respeto mutuo y el compromiso compartido con la virtud. A diferencia de relaciones basadas en intereses personales o conveniencias temporales, este tipo de amistad surge de un profundo reconocimiento de los valores y principios que unen a las personas. En los *Analectos*, Confucio afirma que "tres tipos de amigos benefician y tres tipos perjudican: los amigos sinceros, justos y bien informados benefician; los aduladores, superficiales y oportunistas perjudican". Esta distinción subraya la importancia de elegir cuidadosamente las amistades, pues estas no solo reflejan nuestro carácter, sino que también influyen en nuestro desarrollo.

El concepto de *Ren* (humanidad) es fundamental en la amistad confuciana. La capacidad de empatizar, comprender y actuar con benevolencia hacia un amigo se considera una expresión directa de esta virtud. La amistad virtuosa es un ejercicio continuo de humanidad, donde las acciones están guiadas por la intención de fomentar el bienestar mutuo. En este sentido, el amigo virtuoso no solo es un compañero en los buenos momentos, sino un apoyo en los desafíos, alguien que ayuda a corregir errores y fomenta el crecimiento moral.

La sinceridad (*Xin*), otro pilar del confucianismo, también juega un papel crucial en las amistades virtuosas. Una relación basada en la sinceridad implica una comunicación abierta y honesta, libre de manipulaciones o falsedades. Esta transparencia fortalece los lazos entre amigos y crea un entorno de confianza donde las virtudes pueden florecer. En este contexto, el concepto de reciprocidad también es esencial: la amistad confuciana no es un vínculo unidireccional, sino un intercambio continuo de apoyo, respeto y aprendizaje mutuo.

En el ámbito de la práctica, la amistad virtuosa se manifiesta en actos concretos que reflejan los principios éticos del confucianismo. Un ejemplo clave es la crítica constructiva. Según Confucio, un verdadero amigo es aquel que tiene el valor de señalar nuestras fallas con el objetivo de ayudarnos a mejorar. Esta honestidad no se percibe como un ataque, sino como un acto de benevolencia y respeto, pues demuestra un interés genuino en nuestro bienestar y desarrollo.

Asimismo, los rituales (*Li*) desempeñan un papel importante en el cultivo de la amistad. Aunque a menudo asociados con ceremonias formales, los rituales también incluyen gestos cotidianos de cortesía y respeto que fortalecen los vínculos entre amigos. Estos gestos, aunque simples, reflejan un profundo reconocimiento de la importancia del otro y ayudan a mantener la armonía en la relación.

La amistad virtuosa no solo tiene un impacto en los individuos, sino también en la sociedad en su conjunto. En una comunidad guiada por los principios confucianos, las amistades sirven como microcosmos de armonía y virtud, modelos a pequeña escala de cómo las relaciones humanas deben desarrollarse en todos los niveles. Estas amistades actúan como catalizadores de un cambio positivo, pues inspiran a otros a adoptar principios similares en sus propias interacciones.

El legado de la amistad confuciana también resuena en el contexto moderno. En un mundo marcado por la competencia y las conexiones superficiales, los principios confucianos ofrecen una guía ética para construir relaciones significativas y duraderas. La importancia de la empatía, la sinceridad y el respeto en la amistad sigue siendo relevante, recordándonos que el verdadero valor de una relación radica en su capacidad de enriquecer nuestra vida y fomentar nuestro crecimiento moral.

En el ámbito de las relaciones interculturales, la amistad virtuosa también tiene un papel que desempeñar. Los principios confucianos pueden servir como puente entre diferentes culturas, promoviendo el entendimiento mutuo y la cooperación a través de valores compartidos. Este enfoque trasciende las diferencias y se centra en la humanidad común que une a todas las personas, reforzando la idea de que las virtudes no están limitadas por fronteras o contextos culturales.

La amistad virtuosa, en última instancia, es una manifestación de los ideales más elevados del confucianismo. Es un recordatorio constante de que nuestras relaciones no solo definen quiénes somos, sino también el tipo de mundo que estamos construyendo. A través de la amistad, encontramos un espacio para practicar nuestras virtudes, reflexionar sobre nuestras acciones y conectar con los demás en un nivel profundamente humano.

Así, la amistad virtuosa no es solo una relación, sino un camino hacia la excelencia moral y la armonía social. Al cultivar estos lazos, seguimos los pasos de los grandes pensadores confucianos, construyendo un legado de respeto, humanidad y virtud que trasciende el tiempo y las circunstancias.

Capítulo 22
Respeto Mutuo

El respeto mutuo es el núcleo invisible que sostiene el tejido de las relaciones humanas en el pensamiento confuciano. No es simplemente una cuestión de etiqueta o formalidad, sino un reflejo de una comprensión profunda de la dignidad inherente de cada individuo y de las responsabilidades que se derivan de nuestras interacciones sociales. Dentro del confucianismo, el respeto mutuo trasciende las palabras, transformándose en un principio activo que guía cada aspecto de nuestras acciones y pensamientos hacia los demás.

En el corazón de este principio se encuentra la virtud de *Ren* (humanidad). El respeto mutuo no es solo una práctica externa, sino una expresión de empatía genuina y un reconocimiento de que cada ser humano comparte una conexión fundamental a través de la humanidad. Confucio enseñó que tratar a los demás con respeto es un reflejo de nuestra propia integridad moral. En sus *Analectos*, afirmó: "No hagas a otros lo que no quisieras que te hicieran a ti". Este axioma, a menudo interpretado como la versión confuciana de la Regla de Oro, subraya cómo el respeto mutuo nace de la capacidad de ponerse en el lugar del otro.

El respeto mutuo en el confucianismo también está profundamente relacionado con el concepto de *Li* (rituales o normas de decoro). En la sociedad confuciana, los rituales no se limitan a ceremonias solemnes, sino que abarcan todas las formas de interacción humana, desde el saludo cotidiano hasta los protocolos más formales. Estas prácticas no son vacías ni mecánicas; son expresiones tangibles de respeto y reconocimiento mutuo. A través de los *Li*, las personas muestran su consideración hacia las jerarquías sociales y las responsabilidades compartidas, asegurando que cada interacción refuerce la armonía social.

Un aspecto fascinante del respeto mutuo en el confucianismo es su insistencia en la reciprocidad. El respeto no se otorga unilateralmente; es un intercambio dinámico que refuerza los lazos entre las personas. Esta reciprocidad no significa igualdad en términos de roles o posiciones, sino una correspondencia en la consideración y la deferencia adecuadas. Por ejemplo, un hijo puede mostrar respeto a sus padres a través de la obediencia y el cuidado, mientras que los padres demuestran respeto a sus hijos al guiarlos con amor y sabiduría. Este equilibrio dinámico asegura que el respeto mutuo no se convierta en una simple imposición, sino en una práctica que nutre a ambas partes.

El respeto mutuo también es fundamental en el ámbito de la gobernanza y las relaciones sociales más amplias. Confucio creía que un gobernante que demostraba respeto hacia sus súbditos, tratándolos con justicia y compasión, ganaría naturalmente su lealtad y confianza. Este principio se refleja en el concepto de "mandato del cielo" (*Tian Ming*), que sostenía que la legitimidad de un gobernante dependía de su virtud y capacidad para gobernar con equidad. En este contexto, el respeto mutuo no solo es un ideal moral, sino una base práctica para la estabilidad política y social.

En las relaciones interpersonales, el respeto mutuo se manifiesta de maneras tanto grandes como pequeñas. Escuchar atentamente, hablar con sinceridad y actuar con consideración son ejemplos cotidianos de cómo este principio puede moldear nuestras interacciones. La cortesía, una forma tangible de respeto, no es vista como una superficialidad en el confucianismo, sino como una herramienta esencial para mantener la armonía y evitar conflictos.

El respeto mutuo también juega un papel importante en la resolución de conflictos. En lugar de buscar la victoria sobre el otro, el enfoque confuciano se centra en encontrar soluciones que preserven la dignidad de todas las partes involucradas. Este enfoque no solo resuelve el problema inmediato, sino que fortalece las relaciones a largo plazo, mostrando cómo el respeto mutuo puede ser un camino hacia la reconciliación y el entendimiento.

En la educación, el respeto mutuo entre maestros y estudiantes es fundamental para el aprendizaje y el desarrollo moral. Confucio, como maestro, practicaba este principio al tratar a sus estudiantes con paciencia y reconocimiento de su potencial único. A su vez, esperaba que los estudiantes mostraran respeto a través de su diligencia y disposición para aprender. Esta relación ejemplifica cómo el respeto mutuo fomenta un ambiente de crecimiento mutuo y excelencia.

En el mundo moderno, donde las diferencias culturales, religiosas y políticas a menudo generan divisiones, el respeto mutuo confuciano ofrece una guía poderosa para el entendimiento y la cooperación global. Al reconocer la dignidad de cada individuo y valorar las diversas perspectivas, podemos construir puentes en lugar de muros. Este principio, aunque profundamente arraigado en la tradición china, tiene un alcance universal que puede enriquecer las relaciones humanas en cualquier contexto.

El respeto mutuo, como lo concibió Confucio, no es un simple adorno de la civilización, sino un cimiento esencial para una sociedad armoniosa y ética. Es un recordatorio constante de que nuestras acciones hacia los demás reflejan nuestra propia humanidad y de que el respeto, cuando es genuino y recíproco, tiene el poder de transformar tanto nuestras relaciones personales como nuestras comunidades.

Así, el respeto mutuo se convierte en una brújula moral que guía cada aspecto de nuestras vidas. Es una invitación a ver a los demás no como adversarios o competidores, sino como compañeros en la búsqueda de la virtud y la armonía. Al cultivar este principio en nuestras interacciones diarias, seguimos el legado de Confucio, construyendo un mundo donde el respeto no sea solo un ideal, sino una realidad vivida.

Capítulo 23
Responsabilidad Social

La responsabilidad social, en el marco del confucianismo, es mucho más que una obligación individual; es una expresión de la conexión intrínseca entre el individuo y la sociedad. Este principio fundamental reconoce que la virtud personal no puede existir de manera aislada, sino que encuentra su propósito y plenitud en el servicio al bienestar colectivo. Cada acción, cada decisión y cada palabra del individuo resuenan en el tejido social, creando armonía o disonancia según estén alineadas con las virtudes confucianas.

El concepto de *Ren* (humanidad) se sitúa en el núcleo de la responsabilidad social. *Ren* no solo significa actuar con benevolencia hacia los demás, sino también reconocer nuestra interdependencia con la comunidad y el mundo en general. Para Confucio, el individuo virtuoso no solo busca su propio perfeccionamiento moral, sino que contribuye activamente al orden y la estabilidad de su entorno. En este sentido, el autocultivo y la responsabilidad social son dos caras de la misma moneda: el primero prepara al individuo para actuar con integridad, y el segundo permite que esa virtud beneficie a los demás.

El confucianismo enfatiza que la responsabilidad social comienza en la familia, considerada el núcleo esencial de la sociedad. A través del *Xiao* (piedad filial), los individuos aprenden a cuidar y respetar a sus padres, abuelos y ancestros, cultivando las virtudes que luego se expanden hacia la comunidad. En este modelo, las relaciones familiares sirven como una escuela de moralidad, donde el respeto, la empatía y la cooperación son practicados y perfeccionados. Una vez internalizados estos valores, el individuo está preparado para aplicarlos en círculos más amplios, desde la vecindad hasta el estado.

El respeto por las jerarquías naturales y las responsabilidades inherentes a cada rol social es otro pilar de la responsabilidad social confuciana. En el sistema confuciano, todos los miembros de la sociedad tienen un papel que cumplir, ya sea como gobernantes, comerciantes, agricultores o académicos. Sin embargo, este sistema no promueve una sumisión ciega, sino una comprensión de que cada rol lleva consigo un conjunto de deberes éticos. Por ejemplo, un gobernante no solo tiene poder sobre sus súbditos, sino también la responsabilidad de gobernar con justicia y compasión, modelando las virtudes que espera ver reflejadas en la sociedad.

El *Li* (ritual) también desempeña un papel crucial en la expresión de la responsabilidad social. Los rituales y ceremonias no son meras formalidades; son vehículos para reforzar el orden social y fortalecer los lazos entre los individuos. Desde la observancia de las tradiciones familiares hasta la participación en ceremonias públicas, los *Li* actúan como recordatorios tangibles de nuestras responsabilidades hacia los demás y hacia el equilibrio de la sociedad.

Un elemento clave de la responsabilidad social en el confucianismo es el concepto de *Yi* (justicia). Este principio guía al individuo para actuar no en función de ganancias personales, sino en línea con lo que es moralmente correcto. En el contexto social, *Yi* requiere que las decisiones y acciones sean tomadas con un profundo sentido de equidad y respeto por el bienestar colectivo. Esto se aplica tanto a los líderes como a los ciudadanos, enfatizando que la justicia es una responsabilidad compartida y no una prerrogativa exclusiva de quienes tienen poder.

En la práctica, la responsabilidad social se manifiesta en actos concretos que reflejan el compromiso del individuo con el bienestar de su comunidad. Estos actos pueden incluir desde la participación activa en la educación de los jóvenes, hasta la ayuda a los necesitados y la promoción de la armonía en situaciones de conflicto. Los ejemplos históricos de líderes confucianos destacan cómo la responsabilidad social puede ser un principio rector en contextos tan diversos como la política, la educación y el comercio.

El confucianismo también subraya la importancia de la educación en la formación de ciudadanos responsables. Confucio veía el aprendizaje como una herramienta no solo para el desarrollo personal, sino también para el progreso social. Un individuo educado es alguien capaz de comprender sus responsabilidades hacia los demás y de actuar con sabiduría y compasión. Por lo tanto, la responsabilidad social incluye no solo cumplir con los propios deberes, sino también inspirar y guiar a otros para que hagan lo mismo.

En el mundo contemporáneo, el principio de responsabilidad social confuciana tiene un eco profundo. En una era marcada por la globalización, las crisis medioambientales y las desigualdades sociales, las enseñanzas de Confucio ofrecen una brújula ética para abordar estos desafíos. La idea de que nuestras acciones individuales tienen un impacto colectivo resuena con los movimientos modernos hacia la sostenibilidad, la justicia social y la responsabilidad corporativa.

La responsabilidad social, según el confucianismo, no se limita a acciones aisladas o momentos de crisis; es un compromiso continuo que impregna cada aspecto de la vida. Al actuar con integridad y considerar el bienestar de los demás, el individuo contribuye a la creación de una sociedad más justa y armoniosa. Este principio no solo refuerza los lazos entre las personas, sino que también fomenta un sentido de propósito y conexión, recordándonos que somos parte de algo más grande que nosotros mismos.

Así, la responsabilidad social se revela no como una carga, sino como una oportunidad para expresar nuestra humanidad en su forma más elevada. Es un recordatorio de que nuestras vidas tienen significado no solo por lo que logramos individualmente, sino por cómo contribuimos al bienestar y la felicidad de los demás. Este ideal confuciano sigue siendo una guía luminosa para quienes buscan construir un mundo donde la virtud y la armonía sean más que aspiraciones, sino realidades vividas.

Capítulo 24
Armonía Familiar

La familia, en el pensamiento confuciano, no es solo una unidad social, sino el pilar fundamental sobre el cual se construye la moralidad y la estabilidad de toda la sociedad. La armonía familiar se erige como un microcosmos de la armonía universal, y cada miembro de la familia desempeña un papel insustituible en la creación de este equilibrio esencial.

El principio de *Xiao* (piedad filial) ocupa un lugar central en esta concepción. Más que un simple respeto hacia los padres, *Xiao* representa una devoción activa y continua hacia los ancestros, los padres y las generaciones futuras. Este principio no solo guía las acciones de los hijos hacia sus padres, sino que también establece un modelo de reciprocidad, donde los padres, a su vez, asumen la responsabilidad de inculcar valores éticos y ofrecer un ejemplo virtuoso. En este marco, la familia no es un refugio aislado, sino una red dinámica de deberes y afectos que trascienden el tiempo.

Confucio entendía que la armonía familiar no podía lograrse sin la práctica de *Ren* (humanidad) entre los miembros de la familia. *Ren* se manifiesta en gestos de bondad, empatía y respeto mutuo, creando un entorno donde las diferencias se resuelven a través del diálogo y la comprensión. Los conflictos, inevitables en cualquier grupo humano, son vistos como oportunidades para practicar la virtud, fortaleciendo los lazos familiares en lugar de debilitarlos. En este sentido, la armonía no implica la ausencia de tensiones, sino la capacidad de transformarlas en aprendizajes compartidos.

La estructura jerárquica de la familia, basada en roles claros, también es fundamental en el confucianismo. Cada miembro tiene un lugar definido y responsabilidades específicas que contribuyen al bienestar colectivo. Los padres, como guías morales, lideran con el ejemplo, mientras que los hijos respetan y aprenden de sus mayores. Sin embargo, esta jerarquía no es rígida ni opresiva; está impregnada de *Yi* (justicia) y *Li* (ritual), asegurando que cada relación esté equilibrada por el afecto y la equidad.

El *Li* en el contexto familiar se manifiesta en rituales cotidianos que refuerzan la conexión entre los miembros y honran a los ancestros. Desde los saludos matutinos hasta las ceremonias más elaboradas para recordar a los antepasados, estas prácticas rituales tienen un profundo significado simbólico. Son recordatorios constantes de que la familia no solo está compuesta por los vivos, sino también por aquellos que vinieron antes y aquellos que están por venir. La continuidad generacional, expresada a través del *Li*, asegura que las virtudes y las tradiciones sean transmitidas y preservadas.

La familia, como núcleo de la educación moral, es donde los individuos aprenden las primeras lecciones de virtud. En el hogar, se enseña el valor del trabajo, la importancia de la honestidad y la necesidad de cuidar y proteger a los demás. Estas enseñanzas no se limitan a palabras, sino que se transmiten a través del ejemplo y la práctica diaria. Los padres que actúan con integridad y compasión inspiran a sus hijos a hacer lo mismo, creando un ciclo virtuoso que se extiende a lo largo de generaciones.

La armonía familiar también se extiende más allá del ámbito inmediato, influyendo en la comunidad y la sociedad en general. Una familia unida y virtuosa actúa como un modelo para otras familias y contribuye al orden social. Según el confucianismo, la estabilidad de un estado depende de la estabilidad de sus familias. Un gobernante que comprende este principio se esfuerza por fomentar políticas que fortalezcan los lazos familiares y promuevan valores éticos dentro de los hogares.

El papel de las relaciones familiares en la formación de líderes también es crucial. En el pensamiento confuciano, un buen gobernante debe primero demostrar su capacidad para liderar con virtud dentro de su propia familia antes de aspirar a liderar un estado. Este enfoque asegura que la gobernanza esté arraigada en principios éticos y en una comprensión profunda de la interconexión humana.

En el contexto moderno, la armonía familiar enfrenta desafíos únicos, como la movilidad social, el individualismo creciente y la fragmentación de las estructuras tradicionales. Sin embargo, los principios confucianos ofrecen una guía atemporal para abordar estos retos. La práctica del *Ren*, el respeto mutuo y el compromiso con el bienestar colectivo siguen siendo herramientas poderosas para fortalecer los lazos familiares en un mundo en constante cambio.

Además, la tecnología, aunque a menudo vista como un factor de separación, puede convertirse en un medio para reforzar la conexión familiar si se utiliza con sabiduría. Las enseñanzas confucianas nos invitan a reflexionar sobre cómo podemos aplicar estos principios en nuestras interacciones digitales, asegurando que fomenten la comprensión y la unión en lugar de la división.

La armonía familiar no es solo un ideal; es una práctica diaria que requiere esfuerzo, paciencia y compromiso. En cada gesto de cuidado, en cada conversación honesta y en cada acto de respeto, se construye un hogar que refleja los valores más altos del confucianismo. Este modelo de armonía comienza en el corazón de la familia, pero su influencia se extiende a todos los rincones de la sociedad, iluminando el camino hacia un mundo más justo y equilibrado.

Así, la familia se convierte en la fuente de toda virtud y en el primer paso hacia la creación de un orden universal en sintonía con las enseñanzas de Confucio. En este núcleo íntimo, se siembran las semillas de la justicia, la compasión y la sabiduría que, al florecer, transforman no solo a los individuos, sino también al mundo que los rodea.

Capítulo 25
Cultivo Personal

El cultivo personal en el confucianismo es el fundamento de todas las virtudes y acciones que aspiran al ideal de una vida en armonía con los demás y con el orden universal. Este proceso no es un fin en sí mismo, sino un medio para alcanzar una existencia que trascienda las preocupaciones individuales y se integre en la construcción de una sociedad virtuosa y equilibrada. En el centro de esta práctica está el desarrollo del carácter, guiado por los principios de la reflexión, la autodisciplina y la mejora continua.

El concepto de *Xiushen* (cultivo del yo) comienza con la introspección. Confucio enseñaba que el primer paso hacia la sabiduría es mirar hacia adentro, identificar las propias imperfecciones y trabajar para corregirlas. Esta práctica de autoconocimiento no busca la perfección inalcanzable, sino un progreso constante que permita al individuo actuar con integridad en todas las facetas de su vida. La introspección diaria, como sugiere Confucio, actúa como un espejo que refleja no solo nuestras acciones, sino también nuestras intenciones, desafiándonos a alinear ambas con los principios éticos.

El autocultivo implica también una relación estrecha con el aprendizaje. En el pensamiento confuciano, el estudio no se limita al conocimiento técnico o académico; se trata de una búsqueda más profunda que conecta al individuo con las grandes verdades de la vida. Los textos clásicos, los ejemplos de los sabios y las lecciones de la experiencia cotidiana se convierten en herramientas esenciales para este proceso. La humildad es una virtud clave en este camino, ya que permite reconocer que siempre hay algo que aprender y que cada encuentro, por simple que parezca, es una oportunidad para crecer.

La autodisciplina desempeña un papel crucial en el cultivo personal. Confucio enfatizaba que la verdadera libertad no consiste en seguir cada deseo o impulso, sino en dominarse a uno mismo para actuar de acuerdo con lo que es justo y correcto. Este autocontrol se refleja en la capacidad de resistir las tentaciones que podrían desviar al individuo de sus principios éticos y en la fortaleza para perseverar en la práctica de las virtudes, incluso en circunstancias desafiantes.

En este contexto, el *Li* (ritual) no solo abarca las ceremonias tradicionales, sino también los hábitos diarios que refuerzan la disciplina y el carácter. El respeto hacia los demás, la atención a los detalles y la coherencia en las acciones son expresiones de este principio. Cada gesto ritualizado, por pequeño que sea, se convierte en una afirmación de los valores confucianos y en una oportunidad para fortalecer la conexión entre el individuo, su comunidad y el orden universal.

El autocultivo no puede separarse de la práctica de *Ren* (humanidad), que actúa como el corazón de la filosofía confuciana. Al desarrollar la empatía y la compasión, el individuo transforma su relación con los demás, promoviendo un entorno donde la benevolencia y la comprensión mutua prevalezcan. Esta conexión con los demás no es un objetivo secundario, sino una parte integral del autocultivo, ya que, según Confucio, es imposible alcanzar la virtud en aislamiento.

La práctica del cultivo personal también requiere enfrentar las adversidades con valor y sabiduría. En los momentos de dificultad, el individuo es puesto a prueba en su capacidad para mantener la calma, actuar con justicia y aprender de las experiencias. Estas pruebas no son vistas como obstáculos, sino como oportunidades para fortalecer el carácter y demostrar la aplicación práctica de los principios confucianos.

El impacto del autocultivo se extiende más allá del individuo, permeando las relaciones familiares, sociales y políticas. Una persona que se ha dedicado al cultivo personal actúa como un ejemplo vivo de virtud, inspirando a otros a seguir un camino similar. Este efecto multiplicador crea una sociedad más ética y armoniosa, donde los principios confucianos guían no solo las acciones individuales, sino también las políticas y decisiones colectivas.

En el mundo contemporáneo, el cultivo personal enfrenta desafíos únicos, como las distracciones tecnológicas, el ritmo acelerado de la vida y la presión del individualismo extremo. Sin embargo, los principios confucianos ofrecen un marco atemporal para superar estas dificultades. La reflexión diaria, el compromiso con la mejora continua y la práctica de la empatía son herramientas poderosas que permanecen relevantes en cualquier contexto cultural o histórico.

Además, el autocultivo en el pensamiento confuciano no es una práctica rígida ni uniforme; se adapta a las circunstancias y capacidades de cada individuo. Confucio enseñaba que cada persona tiene un potencial único que puede desarrollar, y que el éxito no se mide en comparación con los demás, sino en la dedicación y el progreso personal. Esta perspectiva inclusiva permite que el cultivo personal sea accesible para todos, independientemente de su posición social o contexto.

El autocultivo es, en última instancia, un acto de amor y responsabilidad hacia uno mismo, hacia los demás y hacia el mundo. Cada paso en este camino, desde el más pequeño gesto de bondad hasta los actos de gran impacto, contribuye a la realización de una vida que refleja los ideales más altos del confucianismo. Es un proceso que nunca termina, pero que, en su continuidad, ofrece la satisfacción profunda de saber que uno está contribuyendo al bienestar colectivo y al equilibrio del universo.

Así, el cultivo personal se convierte en el primer eslabón de una cadena virtuosa que une al individuo con la familia, la sociedad y el cosmos, demostrando que el cambio verdadero comienza en el interior y se expande hacia el infinito.

Capítulo 26
Estudio Constante

En el corazón del confucianismo, el estudio constante se presenta como una práctica esencial, no solo para el enriquecimiento intelectual, sino para el crecimiento moral y espiritual. Este aprendizaje ininterrumpido no se limita a la acumulación de conocimientos, sino que se enfoca en transformar la sabiduría en acciones concretas que beneficien tanto al individuo como a la sociedad. Según Confucio, la búsqueda del conocimiento es un deber continuo, un camino que nunca termina, pero que siempre eleva a quienes lo recorren.

El principio de *Xue* (estudio) en el confucianismo se basa en una combinación de teoría y práctica. Los textos clásicos, como los Analectos y los Cinco Clásicos, se convierten en compañeros esenciales en esta travesía. Estos escritos no son meras fuentes de información histórica o filosófica; son espejos que reflejan la esencia de la humanidad, guías que iluminan el camino hacia una vida virtuosa y herramientas para enfrentar los desafíos del día a día con sabiduría y equidad.

Sin embargo, Confucio advierte que el estudio no debe ser un ejercicio pasivo. La verdadera comprensión solo se logra cuando el conocimiento adquirido se pone en acción, cuando las palabras se convierten en hechos y cuando los conceptos abstractos encuentran su expresión en la vida cotidiana. Este énfasis en la práctica activa subraya la importancia de vivir de acuerdo con los principios que se aprenden, transformando al individuo en un modelo de virtud y rectitud.

El maestro también señala la importancia del aprendizaje mutuo. Confucio afirmaba que cada persona, sin importar su nivel de sabiduría o experiencia, tiene algo que enseñar. La interacción con otros se convierte, entonces, en una oportunidad para expandir horizontes y perfeccionar el carácter. Esta humildad intelectual permite no solo recibir enseñanzas de los sabios, sino también aprender de las experiencias cotidianas y de las personas comunes.

El estudio constante también implica la capacidad de reflexionar sobre los propios errores y éxitos. Confucio sostenía que un día sin autoexamen es un día perdido. Esta práctica de introspección permite al estudiante evaluar su progreso, ajustar su comportamiento y reafirmar su compromiso con la mejora continua. Así, el aprendizaje se convierte en un proceso dinámico, adaptativo y profundamente personal.

En el contexto confuciano, el estudio no es un privilegio reservado para unos pocos, sino una responsabilidad universal. Este enfoque inclusivo subraya que todos tienen el potencial de aprender y mejorar, sin importar su origen o circunstancias. La educación, en este sentido, se convierte en un medio para superar las limitaciones, fomentar la equidad y construir una sociedad más justa y armoniosa.

La relación entre el estudio y la moralidad ocupa un lugar central en el confucianismo. Confucio enseñaba que el conocimiento sin virtud es inútil e incluso peligroso. Por lo tanto, el objetivo final del aprendizaje no es el prestigio académico ni la adquisición de habilidades técnicas, sino el desarrollo de un carácter noble y un espíritu comprometido con el bienestar común. Este equilibrio entre saber y ser define la esencia del estudio confuciano.

En el mundo moderno, el concepto de estudio constante enfrenta desafíos significativos, como la sobrecarga de información, la distracción tecnológica y el ritmo acelerado de la vida. Sin embargo, los principios confucianos ofrecen un remedio atemporal para estas dificultades. Al priorizar la calidad sobre la cantidad, el propósito sobre la superficialidad y la reflexión sobre la acumulación, el estudiante moderno puede encontrar un camino hacia un aprendizaje más significativo y sostenible.

La práctica del estudio constante también refuerza la conexión entre generaciones. Los textos clásicos, transmitidos a lo largo de los siglos, representan un puente entre el pasado y el presente. Al estudiarlos, los individuos no solo adquieren conocimiento, sino que también se sumergen en una tradición viva que conecta sus vidas con las de sus ancestros y sus descendientes. Esta continuidad histórica enriquece la experiencia de aprendizaje y fortalece el sentido de pertenencia a una comunidad más amplia.

El estudio constante fomenta, además, la resiliencia ante la adversidad. Enfrentar desafíos con una mente abierta y un corazón dispuesto a aprender transforma los obstáculos en oportunidades de crecimiento. Esta mentalidad, profundamente enraizada en el pensamiento confuciano, permite al individuo adaptarse a los cambios, superar las dificultades y encontrar significado incluso en las circunstancias más complejas.

La disciplina es otro pilar fundamental del estudio constante. Confucio enseñaba que el progreso no es el resultado de un esfuerzo esporádico, sino de un compromiso sostenido. La dedicación diaria al aprendizaje, aunque sea en pequeños pasos, construye un carácter sólido y una sabiduría duradera. Esta constancia, alimentada por la curiosidad y el deseo de mejorar, se convierte en una fuente inagotable de fortaleza y propósito.

El estudio constante en el confucianismo no es una práctica solitaria, sino una contribución al bienestar colectivo. Un individuo que aprende y aplica lo aprendido no solo mejora su propia vida, sino que también eleva a quienes lo rodean. Esta visión altruista del aprendizaje refleja la interconexión fundamental entre el desarrollo personal y la armonía social, una idea que sigue siendo profundamente relevante en cualquier época.

Así, el estudio constante no es solo un medio para adquirir conocimiento, sino un camino hacia la realización personal, la conexión con los demás y la contribución a un mundo más equilibrado y virtuoso. En cada lectura, en cada reflexión y en cada acción basada en el aprendizaje, se encuentra la esencia del confucianismo: un compromiso inquebrantable con el crecimiento y la excelencia.

Capítulo 27
Aprendizaje Moral

El aprendizaje moral se encuentra en el núcleo de la filosofía confuciana, donde el conocimiento y la virtud se entrelazan para formar un carácter íntegro. Para Confucio, la educación no se limita a la adquisición de habilidades prácticas ni al desarrollo intelectual; es, ante todo, un proceso para cultivar la moralidad y alcanzar la excelencia como ser humano. Este enfoque en el aprendizaje ético no solo transforma al individuo, sino que establece los cimientos para una sociedad armoniosa y justa.

El concepto de moralidad, en el pensamiento confuciano, está profundamente conectado con las virtudes centrales: *Ren* (humanidad), *Yi* (justicia), *Li* (rituales) y *Xin* (sinceridad). Estas virtudes no son abstracciones teóricas; son principios prácticos que guían cada acción y decisión. El aprendizaje moral implica comprender estas virtudes, internalizarlas y aplicarlas en la vida diaria.

Confucio consideraba que la moralidad no es un don innato, sino una habilidad que se desarrolla a través de la educación y la práctica constante. Este proceso comienza en la familia, donde los valores fundamentales de respeto, gratitud y cuidado mutuo son inculcados desde una edad temprana. La relación entre padres e hijos, estructurada bajo el principio de *Xiao* (piedad filial), se convierte en el primer escenario donde los individuos aprenden la importancia de las relaciones éticas.

El aprendizaje moral también requiere un entorno adecuado, donde el ejemplo de los mayores, maestros y líderes inspire a los demás a seguir un camino virtuoso. Para Confucio, los gobernantes tienen una responsabilidad especial en este sentido. Su conducta debe ser impecable, pues sus acciones establecen un modelo para toda la sociedad. El liderazgo moral no solo guía a las personas hacia el bien, sino que refuerza la legitimidad y la estabilidad política.

Un aspecto esencial del aprendizaje moral en el confucianismo es la introspección. Confucio alentaba a sus discípulos a reflexionar diariamente sobre sus pensamientos, palabras y acciones. Este autoexamen no solo revela áreas de mejora, sino que también refuerza un compromiso consciente con la virtud. La práctica de la introspección conecta al individuo con una verdad interna, fortaleciendo su integridad y su capacidad para actuar en consonancia con los principios éticos.

El método confuciano para el aprendizaje moral combina teoría y práctica. Los textos clásicos ofrecen un marco filosófico que ilumina los caminos de la virtud. Por ejemplo, los Analectos recopilan los diálogos y enseñanzas de Confucio, proporcionando una guía accesible para quienes buscan mejorar moralmente. Sin embargo, estas enseñanzas deben ser aplicadas activamente en la vida cotidiana, ya que la moralidad solo se prueba en la interacción con los demás.

El aprendizaje moral no es un proceso individualista. En el confucianismo, el individuo está intrínsecamente ligado a su comunidad. Por lo tanto, las acciones de uno repercuten en el bienestar colectivo. Esta interconexión subraya la importancia de practicar la empatía, el respeto y la justicia en todas las relaciones humanas. Ser moral no es solo una cuestión de desarrollo personal, sino un deber hacia los demás.

La educación moral también enfrenta retos modernos. En un mundo donde los valores tradicionales a menudo son eclipsados por el materialismo y la competitividad, el aprendizaje ético se convierte en un acto de resistencia y renovación. Los principios confucianos ofrecen una brújula para navegar en este entorno complejo, recordando la importancia de la humildad, la responsabilidad y el servicio al bien común.

Otro componente del aprendizaje moral es la capacidad de reconocer y corregir errores. En lugar de temer al fracaso,

Confucio enseñaba que errar es una oportunidad para crecer. Admitir los propios errores y esforzarse por rectificarlos demuestra fortaleza moral y compromiso con la mejora continua. Esta humildad permite a los individuos enfrentar los desafíos éticos con una mente abierta y un corazón dispuesto a aprender.

El aprendizaje moral también incluye la disposición a escuchar y aprender de los demás. Confucio destacaba que el aprendizaje es un proceso mutuo, donde cada interacción humana es una oportunidad para enriquecer la propia perspectiva ética. Incluso en situaciones conflictivas, buscar comprender el punto de vista del otro puede conducir a soluciones más justas y equilibradas.

En el ámbito educativo, el aprendizaje moral ocupa un lugar central en el enfoque confuciano. Las escuelas, según este modelo, no son solo lugares para adquirir conocimientos técnicos, sino espacios donde los valores y la ética son transmitidos y cultivados. Los maestros, como guías morales, desempeñan un papel crucial en modelar el carácter de sus alumnos, no solo a través de sus palabras, sino principalmente mediante su ejemplo.

La práctica de rituales también refuerza el aprendizaje moral. En el confucianismo, los rituales no son meras formalidades, sino actos simbólicos que conectan a los individuos con sus comunidades y con el orden universal. Al participar en estos rituales, las personas internalizan valores como el respeto, la gratitud y la unidad, fortaleciendo su compromiso con la ética confuciana.

El aprendizaje moral en el confucianismo no tiene un punto final. Es un proceso que acompaña a los individuos a lo largo de toda su vida. Este compromiso continuo asegura que la moralidad no se convierta en una meta estática, sino en una práctica dinámica que evoluciona con las circunstancias y los desafíos.

En la visión confuciana, el aprendizaje moral es el fundamento sobre el cual se construye una vida plena y significativa. Es un llamado a vivir con integridad, a actuar con justicia y a contribuir al bienestar de todos. Este viaje hacia la virtud no solo transforma al individuo, sino que también crea un legado duradero de bondad y armonía en el mundo.

Capítulo 28
Conocimiento Práctico

El conocimiento práctico, en el marco del confucianismo, es una de las herramientas fundamentales para la realización de una vida ética y armoniosa. Para Confucio, el conocimiento no era un fin en sí mismo, sino un medio para orientar las acciones hacia el bien común y el desarrollo de una sociedad equilibrada. Esta perspectiva resalta la importancia de aplicar los principios aprendidos en contextos reales, donde las decisiones y las acciones reflejen los valores esenciales del pensamiento confuciano.

El conocimiento, según Confucio, debe ir más allá de la acumulación de datos o teorías. Su verdadero propósito radica en su capacidad para transformar a las personas y sus comunidades. Un individuo verdaderamente sabio es aquel que no solo comprende los principios morales y sociales, sino que los implementa en su vida diaria con coherencia. Este énfasis en la aplicación práctica del conocimiento constituye uno de los pilares del confucianismo.

La práctica del conocimiento comienza con el *autocultivo*. Este proceso implica una introspección profunda para identificar fortalezas, debilidades y áreas de mejora. A través de este examen interno, el individuo se prepara para actuar con integridad y sabiduría. El autocultivo no es un ejercicio teórico, sino una práctica constante que conecta el aprendizaje con la acción. Cada decisión tomada refleja un compromiso con la virtud y la justicia.

En el ámbito social, el conocimiento práctico encuentra su mayor expresión en las relaciones humanas. La capacidad de aplicar principios como el *Ren* (humanidad) y el *Yi* (justicia) en interacciones diarias demuestra la conexión entre la teoría y la práctica. Un gobernante, por ejemplo, no solo debe comprender la importancia de la justicia, sino implementarla en su administración, asegurándose de que sus decisiones promuevan la equidad y el bienestar colectivo.

Confucio enfatizaba que el conocimiento práctico debe adaptarse a las circunstancias. La rigidez en la aplicación de principios puede conducir a resultados contraproducentes. Por ello, el sabio confuciano evalúa cada situación con detenimiento, buscando un equilibrio que respete los valores fundamentales sin ignorar las particularidades del contexto. Este enfoque flexible refleja una comprensión profunda de la naturaleza dinámica de la vida.

El aprendizaje a través de la experiencia es otro componente clave del conocimiento práctico. Confucio reconocía que la vida misma es una escuela donde cada interacción, éxito y error ofrece una lección valiosa. A través de la experiencia, las personas desarrollan no solo habilidades prácticas, sino también una sensibilidad ética que les permite discernir el mejor curso de acción en situaciones complejas.

La importancia del ejemplo es central en la enseñanza del conocimiento práctico. Los líderes, maestros y figuras de autoridad tienen la responsabilidad de actuar como modelos de virtud. Sus acciones sirven como guías para quienes los observan, demostrando cómo los principios confucianos pueden aplicarse en la vida diaria. Este liderazgo basado en el ejemplo refuerza la conexión entre el conocimiento teórico y su implementación.

El confucianismo también destaca la relación entre el conocimiento práctico y los rituales (*Li*). Los rituales no solo son expresiones de respeto y tradición, sino también herramientas para internalizar valores y fortalecer el carácter. Participar en estos actos simbólicos enseña disciplina, refuerza la unidad comunitaria y conecta a las personas con un sentido de orden universal.

En el contexto educativo, el conocimiento práctico se enseña a través de métodos que combinan teoría y aplicación.

Confucio promovía un enfoque pedagógico que iba más allá de la memorización, alentando a sus discípulos a cuestionar, reflexionar y aplicar lo aprendido en sus vidas. Este enfoque holístico fomenta una comprensión integral de los principios y su relevancia en el mundo real.

El confucianismo también aborda la relación entre el conocimiento práctico y la toma de decisiones. Para actuar con sabiduría, uno debe considerar tanto los principios éticos como las consecuencias de sus acciones. Este equilibrio asegura que las decisiones no solo sean moralmente correctas, sino también efectivas en la promoción de la armonía y el bienestar.

En un nivel más amplio, el conocimiento práctico desempeña un papel crucial en la gobernanza. Un líder confuciano no solo debe estar bien informado, sino también ser capaz de traducir ese conocimiento en políticas y acciones que beneficien a su pueblo. Este enfoque enfatiza la responsabilidad ética de los gobernantes y la necesidad de actuar con compasión y justicia.

En el ámbito familiar, el conocimiento práctico se manifiesta en la aplicación de principios como la piedad filial (*Xiao*) y el respeto mutuo. Estas virtudes no solo fortalecen los lazos familiares, sino que también sirven como base para la estabilidad social. A través de estas prácticas, el confucianismo demuestra cómo los valores aprendidos pueden integrarse en la vida cotidiana para promover relaciones saludables y equilibradas.

El desafío del conocimiento práctico radica en su implementación consistente. Aunque los principios confucianos ofrecen una guía clara, las complejidades de la vida moderna a menudo presentan dilemas éticos. Sin embargo, el confucianismo anima a enfrentar estos desafíos con una mente abierta y un corazón comprometido, recordando que la búsqueda de la virtud es un proceso continuo.

El conocimiento práctico en el confucianismo subraya la interconexión entre el individuo y la sociedad. Cada acción, por pequeña que sea, tiene un impacto en el tejido social. Por lo tanto, actuar con sabiduría y virtud no solo beneficia al individuo, sino que también contribuye al bienestar colectivo. Esta perspectiva resalta la responsabilidad compartida de construir una sociedad basada en la armonía y la justicia.

El conocimiento práctico, como lo enseñó Confucio, no es solo un medio para resolver problemas inmediatos, sino un camino hacia la realización personal y la transformación social. Al integrar el aprendizaje teórico con la acción consciente, el confucianismo ofrece una guía atemporal para enfrentar los desafíos de la vida con integridad y propósito. Este enfoque holístico, que conecta mente, corazón y acción, continúa siendo una fuente de inspiración para quienes buscan vivir de acuerdo con los ideales más elevados de la humanidad.

Capítulo 29
Desarrollo Intelectual

El desarrollo intelectual en el confucianismo trasciende la acumulación de conocimiento técnico o académico. Es una disciplina integral que involucra el cultivo de la mente, la moralidad y la capacidad de discernir con claridad los principios universales que guían la vida. En esta perspectiva, el crecimiento intelectual está intrínsecamente ligado al crecimiento ético, estableciendo un puente entre el pensamiento crítico y la acción virtuosa.

Confucio afirmaba que el aprendizaje es un proceso sin fin, un camino continuo hacia la sabiduría y la perfección personal. Este enfoque no se limita a la adquisición de hechos o habilidades, sino que se centra en el entendimiento profundo de los principios que rigen la armonía entre el individuo, la sociedad y el cosmos. Para Confucio, el aprendizaje auténtico debía conducir a la acción correcta, reforzando la idea de que la educación no tiene valor si no se refleja en el comportamiento.

Uno de los aspectos esenciales del desarrollo intelectual es el *estudio diligente*. Este concepto no implica solo la lectura de textos o la memorización de datos, sino también una exploración activa y reflexiva del conocimiento. Los textos confucianos clásicos, como los *Analectos* y los *Cinco Clásicos*, son pilares fundamentales en esta búsqueda, ofreciendo no solo enseñanzas éticas, sino también ejemplos históricos y poéticos que ilustran cómo el conocimiento puede aplicarse a la vida cotidiana.

El desarrollo de la mente crítica es igualmente fundamental. Confucio instaba a sus discípulos a no aceptar pasivamente lo que se les enseñaba, sino a cuestionar, analizar y adaptar las ideas al contexto. Este enfoque no solo fomenta el pensamiento independiente, sino que también fortalece la capacidad de tomar decisiones informadas y éticas en situaciones complejas.

La reflexión es otro pilar en el desarrollo intelectual. Confucio decía: "Aprender sin reflexionar es un desperdicio; reflexionar sin aprender es peligroso." Este equilibrio entre aprendizaje y contemplación permite a los individuos no solo entender los principios abstractos, sino también internalizarlos y aplicarlos de manera efectiva. La reflexión constante ayuda a los estudiantes a evaluar su progreso, corregir sus errores y profundizar su conexión con los valores fundamentales.

El *autocultivo intelectual* también implica la capacidad de integrar diferentes campos del conocimiento. En el pensamiento confuciano, no existe una separación rígida entre disciplinas como la ética, la política, la literatura y la filosofía. Todas están interconectadas y contribuyen a la formación de un individuo completo. Este enfoque holístico refleja la creencia de Confucio en la importancia de una educación que abarque tanto las habilidades prácticas como los valores morales.

En el contexto social, el desarrollo intelectual tiene un impacto profundo. Un individuo educado no solo mejora su propia vida, sino que también se convierte en un modelo y guía para los demás. Confucio creía que una sociedad armoniosa depende de ciudadanos bien educados que actúen con sabiduría y responsabilidad. La educación, por lo tanto, no es solo un privilegio personal, sino una obligación hacia la comunidad.

Los rituales (*Li*) también desempeñan un papel en el desarrollo intelectual. Estos actos ceremoniales no son meras formalidades, sino herramientas para enseñar disciplina, respeto y conexión con la tradición. A través de los rituales, los individuos aprenden a equilibrar sus propios deseos con las necesidades del grupo, fortaleciendo así su capacidad para actuar con sabiduría en contextos sociales.

El desarrollo intelectual también está profundamente influenciado por el ejemplo de los maestros. En el confucianismo, el rol del maestro va más allá de impartir conocimiento; es un modelo de virtud y conducta. Confucio mismo fue un maestro que inspiró a sus discípulos no solo con sus palabras, sino con su comportamiento ético. Este enfoque subraya la importancia del aprendizaje experiencial y la observación en el proceso educativo.

En el ámbito de la gobernanza, el desarrollo intelectual es esencial para la formación de líderes éticos y eficaces. Un gobernante confuciano debe poseer no solo conocimiento técnico, sino también una comprensión profunda de los principios morales y su aplicación en la política. Esta combinación de intelecto y virtud asegura que las decisiones gubernamentales beneficien al pueblo y promuevan la armonía social.

La conexión entre el desarrollo intelectual y el autocontrol también es evidente en el confucianismo. A medida que los individuos amplían su comprensión del mundo, desarrollan una mayor capacidad para gestionar sus emociones y actuar con moderación. Este equilibrio interno se refleja en sus relaciones externas, fortaleciendo los lazos familiares y sociales.

El proceso de aprendizaje en el confucianismo también incluye la práctica del diálogo. Confucio alentaba a sus discípulos a participar en discusiones abiertas y respetuosas, intercambiando ideas y desafiándose mutuamente. Este método no solo enriquece el entendimiento, sino que también fomenta la humildad y el reconocimiento de diferentes perspectivas.

El desarrollo intelectual, en última instancia, es un viaje hacia la sabiduría práctica. No se trata de acumular títulos o reconocimiento, sino de convertirse en una persona capaz de contribuir al bienestar colectivo. Este enfoque resalta la conexión entre el conocimiento y la acción, recordando que el aprendizaje tiene un propósito más elevado: crear un mundo más justo y armonioso.

En la vida diaria, el desarrollo intelectual se manifiesta en pequeñas decisiones y hábitos. La práctica de la lectura reflexiva, la búsqueda constante de mejorar y la disposición a aprender de los demás son expresiones de este principio. Cada acción, por simple que parezca, refuerza el compromiso del individuo con el crecimiento personal y la contribución social.

El confucianismo también reconoce los desafíos del desarrollo intelectual. En un mundo lleno de distracciones y prioridades cambiantes, mantener un enfoque en el aprendizaje significativo puede ser difícil. Sin embargo, la filosofía confuciana ofrece herramientas y valores que ayudan a superar estos obstáculos, recordando a los individuos que el camino hacia la sabiduría es tanto una responsabilidad como un privilegio.

El desarrollo intelectual, tal como lo entendía Confucio, es un proceso integral que conecta el corazón, la mente y las acciones. Al cultivar esta dimensión, los individuos no solo enriquecen sus propias vidas, sino que también fortalecen el tejido social. En este enfoque radica la relevancia atemporal del confucianismo, una filosofía que sigue inspirando a generaciones a buscar la excelencia moral e intelectual en un mundo en constante cambio.

Capítulo 30
Formación Integral

La formación integral en el confucianismo no es una meta abstracta, sino un proceso dinámico que abarca el desarrollo armonioso del cuerpo, la mente y el espíritu. Confucio veía al individuo como un ser complejo, interconectado con su familia, su comunidad y el universo, y creía que solo a través de un equilibrio consciente de estas dimensiones se podía alcanzar la excelencia personal y contribuir al bienestar colectivo.

En el núcleo de esta formación integral está la idea de que cada aspecto de la vida humana tiene un propósito moral y ético. Para el confucianismo, las virtudes como la benevolencia (*Ren*), la justicia (*Yi*), la sinceridad (*Xin*) y la propiedad ritual (*Li*) no son cualidades aisladas; todas convergen en la creación de un individuo completo. Este modelo ideal no se define por la perfección, sino por el esfuerzo constante para crecer y mejorar en todas las áreas de la vida.

La formación intelectual desempeña un papel fundamental en este proceso. Como se explora en los textos clásicos, el conocimiento no es un fin en sí mismo, sino un medio para cultivar la sabiduría práctica. Confucio afirmaba que aprender y reflexionar son tareas esenciales para el ser humano, ya que permiten al individuo reconocer sus propias limitaciones, desarrollar empatía y tomar decisiones que beneficien tanto a sí mismo como a los demás. La educación, en este contexto, no es solo académica, sino también moral y espiritual.

La dimensión emocional también ocupa un lugar central en la formación integral. La capacidad de manejar emociones como el miedo, la ira y el deseo es esencial para mantener la armonía interna y externa. Confucio enfatizaba el autocontrol como una virtud clave, sugiriendo que la moderación y la disciplina son esenciales para el equilibrio emocional. Este control no implica reprimir las emociones, sino comprenderlas y dirigirlas hacia propósitos constructivos.

El aspecto físico, aunque a menudo menos discutido en los textos confucianos, también se considera importante. El cuerpo es visto como un templo que debe ser cuidado y respetado, no solo por el bienestar personal, sino también como una expresión de gratitud hacia los padres y antepasados. En la práctica, esto incluye mantener hábitos saludables y participar en actividades que promuevan la vitalidad. Los rituales, por ejemplo, integran movimientos físicos con intenciones espirituales, reforzando esta conexión entre el cuerpo y el espíritu.

La dimensión espiritual es el eje que unifica todos los aspectos de la formación integral. En el confucianismo, el concepto de *Tian* (Cielo) representa el orden universal y la fuente de la moralidad. Cultivar una relación con este orden no implica una devoción religiosa en el sentido convencional, sino un alineamiento ético y espiritual con las leyes naturales. Este enfoque fomenta una conexión profunda entre el individuo y el cosmos, inspirando un sentido de propósito y responsabilidad que trasciende lo personal.

La familia, como base de la sociedad confuciana, también juega un papel crucial en la formación integral. Los valores aprendidos en el hogar, como la piedad filial (*Xiao*), el respeto mutuo y la cooperación, son los cimientos sobre los cuales se construyen las demás virtudes. Confucio veía la familia como el primer campo de entrenamiento moral, donde los individuos aprenden a equilibrar sus necesidades con las de los demás, preparando el terreno para interacciones armoniosas en la sociedad más amplia.

Otro aspecto esencial es la práctica de los rituales (*Li*), que proporcionan una estructura para expresar y reforzar los valores éticos en la vida diaria. Los rituales no solo son actos ceremoniales, sino también herramientas pedagógicas que enseñan disciplina, respeto y gratitud. Desde las ceremonias familiares hasta los protocolos sociales, cada acto ritualizado contribuye al desarrollo integral del individuo, recordándole su lugar en una red más amplia de relaciones.

La relación con la naturaleza también es un componente vital en la formación integral. El confucianismo enseña que el ser humano es parte de un ecosistema interdependiente y que la armonía con la naturaleza refleja y refuerza la armonía interna. Esto se manifiesta en prácticas como el cuidado del entorno, la contemplación de paisajes naturales y el reconocimiento de los ciclos cósmicos como un espejo de los ritmos humanos.

En la vida comunitaria, la formación integral se extiende más allá del individuo. Un ser humano formado integralmente no solo busca su propio crecimiento, sino también el de aquellos que lo rodean. Este ideal se refleja en el concepto de *Ren*, la benevolencia, que impulsa al individuo a actuar con empatía y altruismo. Las relaciones sociales, guiadas por los principios confucianos, se convierten en espacios para practicar y fortalecer las virtudes.

La formación integral también implica una disposición constante al cambio y la adaptación. Confucio enseñaba que el aprendizaje no tiene fin y que la transformación personal es un proceso continuo. Este enfoque dinámico permite a los individuos responder a los desafíos de la vida con resiliencia y creatividad, manteniendo siempre el objetivo de vivir en armonía consigo mismos y con los demás.

En el ámbito de la gobernanza, la formación integral es esencial para los líderes. Un gobernante confuciano debe ser un modelo de virtud, capaz de inspirar confianza y lealtad en su pueblo. Esta formación no solo abarca conocimientos técnicos y habilidades administrativas, sino también un compromiso profundo con los principios éticos y una comprensión clara de su responsabilidad hacia el bienestar colectivo.

Los desafíos contemporáneos, como el individualismo, la tecnología y la urbanización, presentan nuevas oportunidades y obstáculos para la formación integral. Sin embargo, los principios confucianos ofrecen un marco para navegar estos cambios sin perder de vista la importancia de la conexión humana y la armonía universal. Integrar estos valores en el contexto actual puede revitalizar la relevancia del confucianismo como guía para una vida equilibrada y significativa.

La formación integral es un recordatorio de que el verdadero éxito no se mide por logros externos, sino por el crecimiento interno y la contribución al bienestar común. Al cultivar todas las dimensiones de su ser, el individuo no solo alcanza su propio potencial, sino que también enriquece a su comunidad y fortalece el tejido moral y social. Este ideal confuciano, aunque nacido en un contexto histórico específico, sigue resonando como una fuente de inspiración para quienes buscan vivir de manera plena y virtuosa.

Capítulo 31
Ejemplo Moral

En el confucianismo, el ejemplo moral no es simplemente una recomendación ética, sino el pilar fundamental sobre el cual se construye la autoridad y la influencia en la sociedad. Confucio creía firmemente que un líder, ya sea en el ámbito político, familiar o educativo, debía ser un modelo de virtud para inspirar a quienes lo rodeaban. Este principio, arraigado en la capacidad transformadora del comportamiento ejemplar, no solo era visto como una herramienta práctica para el liderazgo, sino como un ideal al que todo ser humano debía aspirar en su vida cotidiana.

El concepto de liderazgo por medio del ejemplo, conocido como *de guan* en los textos clásicos, refleja la convicción de que el poder de una persona no reside en la fuerza o la coerción, sino en la influencia que emana de su carácter virtuoso. Este liderazgo comienza en el ámbito personal, con el autocultivo. Confucio enfatizaba que aquellos que deseen guiar a otros deben primero gobernarse a sí mismos, cultivando cualidades como la benevolencia (*Ren*), la justicia (*Yi*), la sinceridad (*Xin*) y el respeto ritual (*Li*).

Un líder que practica estas virtudes no solo establece un estándar ético, sino que también fomenta la confianza y el respeto entre sus seguidores. En este sentido, la moralidad no es un fin en sí mismo, sino un medio para promover la armonía y la cohesión social. Confucio veía la virtud como una fuerza magnética que atrae a las personas hacia el orden y la estabilidad, creando un ambiente donde cada individuo puede prosperar.

La familia, como núcleo de la sociedad, es el primer escenario donde el ejemplo moral cobra vida. Los padres, según los principios confucianos, tienen la responsabilidad de actuar como modelos para sus hijos, inculcando valores éticos a través de sus acciones diarias. Este enfoque resalta que el aprendizaje no proviene únicamente de la instrucción verbal, sino principalmente de la observación y la imitación. Un padre que demuestra respeto, diligencia y empatía en su trato con los demás está educando a sus hijos de manera más efectiva que con palabras.

Del mismo modo, los maestros tienen un papel crucial como guías morales. Confucio, quien dedicó gran parte de su vida a la enseñanza, veía a los educadores no solo como transmisores de conocimiento, sino como arquitectos del carácter. Un maestro virtuoso inspira a sus estudiantes a esforzarse por la excelencia no mediante la imposición, sino a través de la admiración que genera su conducta ejemplar. Este ideal se refleja en los Analectos, donde Confucio subraya repetidamente la importancia de liderar con el ejemplo para formar ciudadanos íntegros.

En el ámbito político, el ejemplo moral se convierte en un principio rector para los gobernantes. Confucio enseñaba que un líder justo y virtuoso inspira lealtad y obediencia sin necesidad de recurrir a leyes estrictas o castigos severos. Esta visión contrasta con las filosofías legalistas de su época, que defendían un enfoque autoritario. En lugar de depender de la fuerza, el confucianismo aboga por un liderazgo basado en la virtud personal, que establece una relación de confianza y reciprocidad entre el gobernante y el pueblo.

Un ejemplo paradigmático de este ideal es el concepto del "soberano sabio", una figura que combina la excelencia moral con la sabiduría práctica. Este líder no solo dirige con justicia, sino que también inspira a su pueblo a emular su comportamiento, creando una cadena de virtudes que fortalece la sociedad en su conjunto. Los textos clásicos confucianos están llenos de ejemplos de líderes históricos que encarnaron estos principios, demostrando que el poder moral es más duradero y efectivo que el poder coercitivo.

El impacto del ejemplo moral trasciende las estructuras de poder y se extiende a las relaciones cotidianas. En el confucianismo, cada individuo, independientemente de su posición social, tiene la capacidad de influir en los demás a través de su conducta. La moralidad no es una prerrogativa de los líderes, sino una responsabilidad compartida. Una persona común que actúa con integridad y compasión contribuye al tejido ético de su comunidad, mostrando que el cambio social comienza con el cambio personal.

El ejemplo moral también juega un papel crucial en momentos de conflicto o crisis. En situaciones donde prevalecen el caos y la desconfianza, un individuo virtuoso puede actuar como un faro de esperanza, guiando a los demás hacia soluciones pacíficas y justas. La historia confuciana está repleta de relatos de personas que, a través de su comportamiento ético, resolvieron disputas y restauraron la armonía en sus comunidades.

En el contexto moderno, el ejemplo moral sigue siendo relevante. Aunque las sociedades contemporáneas se enfrentan a desafíos diferentes a los de la antigua China, los principios confucianos ofrecen una guía para abordar problemas como la corrupción, la desigualdad y la falta de confianza en las instituciones. Un líder que actúa con transparencia y compasión puede inspirar cambios positivos, mientras que un ciudadano que vive de acuerdo con valores éticos contribuye al bienestar colectivo.

El ejemplo moral no es un acto aislado, sino un compromiso continuo con la virtud. Requiere autoconsciencia, esfuerzo constante y la disposición de asumir la responsabilidad por las propias acciones. Este proceso de autocultivo no solo beneficia al individuo, sino que también fortalece a la sociedad en su conjunto, creando un círculo virtuoso donde cada acto ético inspira a otros a hacer lo mismo.

El poder del ejemplo moral radica en su capacidad para trascender las palabras y conectar directamente con el corazón de las personas. Como dijo Confucio: "El gobernante virtuoso es como el viento; el pueblo es como la hierba. Donde el viento sopla, la hierba se inclina". Este principio, aunque simple en su formulación, encapsula la profunda verdad de que el liderazgo más efectivo no se impone, sino que se inspira. Así, el ejemplo moral se convierte en el núcleo del confucianismo, guiando a los individuos y a las comunidades hacia una vida más ética, armónica y significativa.

Capítulo 32
Sabiduría Aplicada

En el corazón del confucianismo reside una enseñanza atemporal: la sabiduría no es un atributo abstracto ni un concepto reservado para la contemplación filosófica. Es, ante todo, una cualidad práctica, un faro que ilumina las decisiones cotidianas y guía al individuo hacia una vida ética y armoniosa. Esta sabiduría aplicada, conocida en los textos clásicos como *Zhi*, no se limita al conocimiento adquirido por el estudio; implica la capacidad de discernir, actuar y transformar el entorno de manera virtuosa.

Confucio enseñaba que el aprendizaje era solo el comienzo de un camino más amplio. En los *Analectos*, declara: "Saber lo que es correcto y no hacerlo es falta de valentía". Esta afirmación revela una verdad central del pensamiento confuciano: la sabiduría solo cobra significado cuando se pone en práctica. Así, un erudito que acumula conocimiento sin aplicarlo carece de virtud, mientras que un humilde trabajador que actúa con integridad demuestra un entendimiento superior de la sabiduría.

La sabiduría aplicada comienza con el autocultivo. Para Confucio, el primer paso hacia una vida virtuosa es la introspección. El individuo debe examinar sus pensamientos, palabras y acciones para alinear su comportamiento con los principios éticos. Este proceso no es estático; requiere un esfuerzo constante, una disposición para aprender de los errores y una apertura al cambio. El sabio no es aquel que nunca falla, sino aquel que, al reconocer sus fallas, las corrige y se convierte en un modelo para los demás.

En el contexto familiar, la sabiduría aplicada se manifiesta en las relaciones interpersonales. Un padre sabio no solo imparte disciplina, sino que también escucha y guía con empatía. Una madre no solo cuida del bienestar físico de sus hijos, sino que fomenta en ellos valores como el respeto y la responsabilidad. En este ámbito, la sabiduría se mide por la capacidad de equilibrar las necesidades individuales con las del grupo, promoviendo la armonía sin sacrificar la justicia.

En la comunidad, la sabiduría aplicada encuentra su expresión en la toma de decisiones éticas. Un comerciante que prioriza la honestidad sobre la ganancia inmediata demuestra una comprensión profunda de los valores confucianos. Su conducta no solo beneficia a sus clientes, sino que también establece un estándar de integridad que fortalece la confianza colectiva. De manera similar, un líder comunitario que actúa con imparcialidad y compasión inspira a otros a seguir su ejemplo, creando un círculo virtuoso de acciones positivas.

El ámbito político también ofrece un terreno fértil para la sabiduría aplicada. Confucio insistía en que los gobernantes debían actuar con justicia y benevolencia, poniendo siempre el bienestar del pueblo por encima de sus propios intereses. Un líder sabio no se deja llevar por las emociones o las presiones externas; en cambio, evalúa cada situación con detenimiento, considerando las consecuencias a largo plazo de sus decisiones. En este sentido, la sabiduría aplicada no solo guía la acción, sino que también previene el caos y la discordia.

La sabiduría confuciana no es prescriptiva; no ofrece respuestas definitivas a cada dilema, sino que proporciona principios generales que el individuo debe adaptar a las circunstancias. Por ejemplo, el concepto de *Yi* (justicia) enseña a actuar según lo que es correcto, pero no define qué es "correcto" en cada caso. Este enfoque flexible refleja la naturaleza dinámica de la vida y la necesidad de que cada persona desarrolle su capacidad de juicio.

El papel de la reflexión es fundamental en este proceso. Confucio recomendaba dedicar tiempo diario a examinar las propias acciones y evaluar si estaban alineadas con los principios éticos. Esta práctica, conocida como *examen diario*, permite al individuo ajustar su comportamiento y fortalecer su compromiso con la virtud. La sabiduría, según el confucianismo, no es un destino, sino un camino continuo de aprendizaje y mejora.

Los textos clásicos ofrecen numerosos ejemplos de sabiduría aplicada. Uno de ellos es la historia de Yan Hui, uno de los discípulos más cercanos de Confucio. A pesar de vivir en la pobreza, Yan Hui mantenía una actitud positiva y se esforzaba por practicar las enseñanzas de su maestro en su vida diaria. Su habilidad para encontrar alegría en el autocultivo y para enfrentar las dificultades con dignidad lo convirtió en un modelo de sabiduría aplicada.

Otro ejemplo se encuentra en la figura de Shun, un legendario emperador chino venerado por su justicia y compasión. Según las tradiciones confucianas, Shun fue elegido para gobernar no por su linaje, sino por su virtud excepcional. Durante su reinado, demostró una habilidad notable para resolver conflictos y promover la armonía, equilibrando las necesidades de diferentes grupos y asegurando la prosperidad de su pueblo.

En la era contemporánea, la sabiduría aplicada sigue siendo esencial. En un mundo marcado por la complejidad y el cambio constante, la capacidad de actuar con discernimiento y ética es más importante que nunca. Los principios confucianos ofrecen una guía para abordar desafíos modernos como la desigualdad, la corrupción y la crisis ambiental. Por ejemplo, un líder empresarial que integra valores éticos en su modelo de negocio no solo beneficia a sus empleados y clientes, sino que también contribuye al bienestar general de la sociedad.

En el ámbito personal, la sabiduría aplicada se traduce en la capacidad de tomar decisiones que reflejen los propios valores. Esto puede implicar rechazar una oportunidad que comprometa la integridad, apoyar a un amigo en tiempos difíciles o asumir la responsabilidad por un error. En cada uno de estos casos, la sabiduría no es una abstracción, sino una fuerza tangible que guía la acción y transforma la vida.

La sabiduría aplicada trasciende las fronteras individuales para convertirse en un agente de cambio social. Una comunidad donde los miembros actúan con integridad, respeto y compasión se convierte en un modelo para otras comunidades. Del mismo modo, una nación que valora la sabiduría aplicada en sus líderes y ciudadanos puede servir como ejemplo para el mundo.

El legado de la sabiduría confuciana radica en su capacidad para adaptarse a diferentes contextos y épocas, manteniendo su relevancia a lo largo del tiempo. En última instancia, la sabiduría aplicada no es solo un ideal, sino una herramienta práctica para construir un mundo más justo y armonioso, donde cada individuo pueda alcanzar su máximo potencial mientras contribuye al bienestar colectivo.

Capítulo 33
Política Virtuosa

En el corazón del pensamiento confuciano se encuentra la firme convicción de que la política debe ser, ante todo, una extensión de la virtud. No es una arena para la ambición personal ni un simple mecanismo de control, sino un medio para cultivar el bienestar colectivo y la armonía social. Para Confucio, el gobernante ideal no era aquel que buscaba el poder por poder, sino aquel que gobernaba con un profundo sentido de justicia, benevolencia y moralidad.

Confucio afirmaba que el buen gobierno comenzaba con el autocultivo del gobernante. En los *Analectos*, enfatiza: "Si el gobernante es recto, todo el pueblo seguirá su ejemplo; si no lo es, aunque ordene, nadie lo obedecerá". Aquí se encuentra el principio fundamental de la política virtuosa: la autoridad no se basa en el miedo o en la fuerza, sino en el respeto y la confianza que el líder inspira en sus súbditos. Este respeto solo se logra cuando el líder actúa con integridad, demostrando que sus palabras y acciones están en completa alineación con los valores que promueve.

El concepto de *Ren* (benevolencia) ocupa un lugar central en esta visión política. Un líder virtuoso no gobierna pensando únicamente en mantener el orden o aumentar la riqueza del estado, sino que actúa con empatía hacia su pueblo, buscando siempre su bienestar. Para Confucio, la benevolencia no era una muestra de debilidad, sino una fortaleza que permitía al gobernante comprender las necesidades de los demás y actuar en consecuencia. La política virtuosa, guiada por el *Ren*, se convierte así en un acto de servicio, donde el líder prioriza el bien común sobre sus propios intereses.

Otro pilar esencial es el *Li* (rituales y normas). En el ámbito político, el *Li* no se limita a ceremonias formales, sino que incluye las reglas y prácticas que aseguran el orden y la cohesión social. Estas normas deben ser justas y estar diseñadas para promover la armonía, no para beneficiar a unos pocos a expensas de la mayoría. Un gobierno que respeta los *Li* demuestra que se rige por principios y no por caprichos, fortaleciendo así la confianza entre el pueblo y sus líderes.

El *Yi* (justicia) es igualmente indispensable. En una política virtuosa, las decisiones no se toman con base en intereses personales o conveniencias temporales, sino en lo que es justo y correcto. Confucio enseñaba que el líder debía ser un árbitro imparcial, actuando siempre en defensa de los valores éticos, incluso cuando estas decisiones fueran difíciles o impopulares. La justicia, según el confucianismo, no es solo un ideal abstracto; es una práctica diaria que garantiza la estabilidad y la legitimidad del gobierno.

En la tradición confuciana, el gobernante también tiene una relación especial con el concepto de *Tian* (Cielo). El mandato para gobernar no proviene de un derecho hereditario o de la fuerza, sino de una aprobación moral otorgada por el Cielo, reflejada en la capacidad del líder para mantener la armonía y el bienestar de su pueblo. Este "Mandato del Cielo" no es permanente ni incondicional: si el gobernante se vuelve tiránico o corrupto, pierde su legitimidad, y el pueblo tiene el derecho —e incluso el deber— de buscar un liderazgo más virtuoso.

El ejemplo histórico de la dinastía Zhou ilustra cómo el confucianismo integró esta idea en su visión política. Los Zhou justificaron su ascenso al poder afirmando que habían recibido el Mandato del Cielo debido a la decadencia moral de la dinastía Shang anterior. Esta narrativa confuciana subraya que la virtud es la base última de la legitimidad política, una lección que resuena a lo largo de los siglos.

Sin embargo, Confucio también reconocía los desafíos de implementar estos ideales en un mundo imperfecto. La política virtuosa requiere líderes excepcionales, pero también depende de una población educada y comprometida con los mismos principios. Por esta razón, el confucianismo enfatiza la importancia de la educación como herramienta para formar ciudadanos éticos y líderes sabios. Un pueblo educado no solo puede reconocer la virtud en sus gobernantes, sino también exigirla, actuando como un contrapeso contra la tiranía y la corrupción.

En el contexto contemporáneo, la política virtuosa sigue siendo un ideal poderoso. En un mundo donde las desigualdades, los conflictos y la desconfianza hacia las instituciones son comunes, los principios confucianos ofrecen una guía ética para los líderes y las sociedades. La integridad, la empatía y el compromiso con la justicia no son solo valores históricos; son cualidades esenciales para enfrentar los desafíos actuales y construir un futuro más equitativo.

Por ejemplo, un líder que incorpora el *Ren* en sus políticas priorizará iniciativas que reduzcan la pobreza, mejoren la educación y protejan el medio ambiente, demostrando una verdadera preocupación por las generaciones presentes y futuras. Del mismo modo, un sistema político que respete los *Li* establecerá normas transparentes y participativas que fomenten la confianza pública. En este marco, el *Yi* se convierte en la brújula que guía las decisiones hacia lo correcto, incluso cuando estas decisiones requieran sacrificios o enfrentarse a intereses poderosos.

La política virtuosa también tiene implicaciones para las relaciones internacionales. Confucio creía en la importancia de la armonía no solo dentro de un estado, sino también entre diferentes comunidades y naciones. Un líder que actúa con benevolencia y justicia en el escenario global puede inspirar cooperación y respeto mutuo, en lugar de conflictos y rivalidades. En este sentido, los principios confucianos pueden contribuir a un orden mundial más pacífico y equilibrado.

La política virtuosa no es una tarea exclusiva de los gobernantes; es una responsabilidad compartida por todos los miembros de la sociedad. Los ciudadanos tienen el deber de participar activamente en el proceso político, promoviendo los valores de la virtud y exigiendo responsabilidad a sus líderes. Este compromiso colectivo es lo que transforma los ideales confucianos en una realidad viva, capaz de transformar no solo las instituciones, sino también las vidas de las personas.

El legado de la política virtuosa es una invitación a repensar el poder como un instrumento al servicio del bien común, donde la ética no es una excepción, sino la regla fundamental. Al adoptar estos principios, las sociedades pueden aspirar no solo a la estabilidad y el progreso, sino también a una verdadera armonía, en la que el gobierno y el pueblo trabajen juntos por un futuro mejor.

Capítulo 34
Liderazgo Moral

En el universo confuciano, el liderazgo moral no es una mera aspiración, sino el pilar fundamental que sostiene la armonía social y política. Según Confucio, un líder verdaderamente digno no se define por su autoridad o posición, sino por su carácter, sus virtudes y su capacidad para inspirar a los demás mediante el ejemplo.

Para Confucio, el liderazgo moral comienza con el autocultivo. Antes de intentar guiar a otros, un líder debe emprender una introspección profunda y un esfuerzo constante para perfeccionarse. Los *Analectos* ofrecen una lección clara: "Gobernar es corregir. Si lideras mediante el ejemplo y te corriges a ti mismo, ¿quién se atreverá a ser incorrecto?". Esta idea subraya que la legitimidad de un líder no proviene de la fuerza o las leyes, sino de su capacidad para encarnar los valores que predica.

El concepto de *Ren* (humanidad) juega un papel central en este enfoque. Un líder moral es aquel que ejerce el poder con empatía, compasión y benevolencia, considerando siempre las necesidades y el bienestar de su pueblo. Este tipo de liderazgo no busca imponer obediencia, sino fomentar una comunidad donde las personas sigan al líder porque confían en él y se sienten comprendidas. Un líder que practica el *Ren* no solo resuelve problemas inmediatos, sino que también cultiva un sentido de pertenencia y propósito entre sus seguidores.

La justicia, o *Yi*, también es esencial para el liderazgo moral. El líder confuciano debe ser un árbitro imparcial, capaz de tomar decisiones basadas en lo que es correcto, incluso si esto significa enfrentarse a intereses propios o a presiones externas. En este contexto, la integridad personal se convierte en un requisito indispensable. Un líder que carece de justicia no solo socava su propia credibilidad, sino que también pone en peligro la estabilidad de toda la sociedad.

El *Li* (ritos y normas) actúa como la estructura que sostiene el liderazgo moral. Aunque a menudo se interpreta como una serie de rituales formales, el *Li* tiene un significado más profundo: representa el orden y las prácticas que reflejan el respeto mutuo y la cohesión social. Un líder moral utiliza el *Li* no como una herramienta de control, sino como un medio para enseñar y reforzar valores compartidos. A través de estas prácticas, el líder demuestra su compromiso con la tradición y la comunidad, creando un sentido de continuidad y propósito colectivo.

Confucio también destacó la importancia de la modestia en el liderazgo. Para él, un verdadero líder no busca el reconocimiento personal ni utiliza su posición para obtener ventajas. En cambio, debe actuar como un servidor del pueblo, guiado por la humildad y la dedicación al bien común. Esta modestia no es una señal de debilidad, sino una expresión de fortaleza moral y una prueba de que el líder pone a su comunidad por encima de su ego.

La historia china ofrece numerosos ejemplos de líderes que encarnaron estos ideales confucianos. Uno de los más destacados es el emperador Taizong de la dinastía Tang, quien gobernó con una combinación de justicia, benevolencia y autocultivo. Bajo su liderazgo, China experimentó una era de prosperidad y estabilidad, marcada por la promoción de la educación y la implementación de políticas que beneficiaron tanto a la nobleza como al pueblo llano. Taizong entendió que su éxito como líder dependía no solo de sus decisiones políticas, sino también de su capacidad para inspirar confianza y respeto a través de su carácter.

Sin embargo, el liderazgo moral no se limita a las esferas del gobierno. En el confucianismo, el papel del líder se extiende a todos los niveles de la sociedad, incluyendo la familia, las comunidades locales y las instituciones educativas. Un padre que lidera con virtud y sabiduría enseña a sus hijos a actuar de manera ética, mientras que un maestro que lidera con integridad inspira a sus estudiantes a perseguir no solo el conocimiento, sino también la excelencia moral.

La educación desempeña un papel crucial en la formación de líderes morales. Confucio enfatizó que la instrucción no debe centrarse únicamente en habilidades técnicas, sino también en el desarrollo de virtudes como la honestidad, la empatía y la responsabilidad. Al aprender estas cualidades desde una edad temprana, los individuos están mejor preparados para asumir roles de liderazgo con un sentido de deber y compromiso con el bien común.

En el mundo contemporáneo, el liderazgo moral adquiere una relevancia renovada. En una era marcada por la desconfianza hacia las instituciones, la corrupción y las divisiones sociales, los principios confucianos ofrecen una guía para superar estos desafíos. Un líder moral en el siglo XXI es aquel que prioriza la transparencia, la justicia y la empatía en sus acciones, demostrando que la ética no es un obstáculo, sino un camino hacia un liderazgo efectivo y sostenible.

Por ejemplo, un líder empresarial que practica el liderazgo moral no solo busca maximizar las ganancias, sino también garantizar condiciones de trabajo justas para sus empleados y minimizar el impacto ambiental de su empresa. Del mismo modo, un líder político que incorpora principios confucianos en su toma de decisiones prioriza políticas que reduzcan las desigualdades y promuevan la inclusión social.

El liderazgo moral también tiene implicaciones significativas en las relaciones internacionales. En lugar de recurrir a la confrontación o la competencia desenfrenada, un líder confuciano aboga por el diálogo, el respeto mutuo y la cooperación. Este enfoque no solo reduce las tensiones, sino que también sienta las bases para una paz duradera y un progreso compartido.

No obstante, el liderazgo moral requiere un compromiso constante. Como enseñó Confucio, el camino de la virtud no es fácil ni rápido, pero es el único que conduce a una sociedad verdaderamente armoniosa. Los líderes que adoptan este camino deben estar dispuestos a enfrentar desafíos, aprender de sus errores y perseverar en su esfuerzo por mejorar tanto a sí mismos como a sus comunidades.

En última instancia, el liderazgo moral no es un ideal inalcanzable, sino una práctica diaria que puede transformar no solo a los líderes, sino también a las sociedades que guían. Al adoptar los principios confucianos de humanidad, justicia y autocultivo, los líderes tienen el poder de inspirar a otros, construir confianza y crear un legado de armonía y progreso que perdure más allá de su tiempo.

Capítulo 35
Orden Social

En la visión confuciana, la sociedad es como un intrincado tapiz en el que cada hilo debe ocupar su lugar adecuado para mantener la integridad del conjunto.

La idea de orden social en el confucianismo no es simplemente una imposición externa, sino una manifestación natural del *Li* (ritos) y el *Ren* (humanidad). Según Confucio, una sociedad próspera depende de que cada persona desempeñe su papel con dedicación y virtuosismo. Este principio se refleja en el concepto de las Cinco Relaciones Cardinales (*Wu Lun*), que definen los lazos esenciales en la vida humana: gobernante y gobernado, padre e hijo, marido y esposa, hermanos mayores y menores, y amigos. Cada una de estas relaciones conlleva deberes y responsabilidades específicas, diseñadas para promover la estabilidad y la cohesión.

En la relación entre gobernante y gobernado, el gobernante tiene la responsabilidad de liderar con virtud y justicia, mientras que el pueblo debe respetar y apoyar su autoridad siempre que esta sea legítima. Confucio enfatizó que un líder virtuoso no necesita imponer su poder por la fuerza, ya que su ejemplo moral inspira obediencia natural. Por otro lado, si el gobernante carece de virtud, pierde su legitimidad y, por ende, su derecho a gobernar. Esta relación simbiótica establece un modelo de liderazgo basado en el respeto mutuo y la reciprocidad.

En el núcleo de la familia, la relación entre padres e hijos se considera la piedra angular del orden social. La *piedad filial* (*Xiao*), que exige respeto, cuidado y obediencia hacia los padres y ancestros, no solo asegura la unidad familiar, sino que también actúa como un modelo para otras formas de interacción social. Confucio veía a la familia como una escuela moral primaria, donde las virtudes como el respeto, la humildad y la responsabilidad son cultivadas desde una edad temprana. Cuando estas virtudes se practican dentro de la familia, se extienden naturalmente a la comunidad y a la sociedad en general.

El matrimonio, en tanto unión entre marido y esposa, también es una relación esencial dentro del orden confuciano. Aunque tradicionalmente se esperaba que los roles dentro del matrimonio fueran complementarios —el esposo como protector y proveedor, y la esposa como cuidadora y administradora del hogar—, el respeto mutuo y la colaboración son los pilares que sostienen esta unión. Confucio valoraba profundamente la estabilidad que el matrimonio aportaba a la sociedad, viendo en esta relación un microcosmos de armonía y equilibrio.

La relación entre hermanos mayores y menores refuerza la importancia de la jerarquía natural y el respeto en la familia. El hermano mayor, como figura de autoridad, tiene el deber de guiar con paciencia y compasión, mientras que el menor debe responder con respeto y obediencia. Esta dinámica se ve no solo como un lazo familiar, sino también como una práctica que prepara a los individuos para respetar las jerarquías fuera del hogar, en la comunidad y en la sociedad en general.

Por último, la relación entre amigos es la más igualitaria de las cinco, ya que se basa en la confianza y el respeto mutuo en lugar de una jerarquía establecida. Confucio consideraba la amistad como un medio importante para el autocultivo, ya que los amigos virtuosos pueden inspirarse mutuamente a mejorar sus caracteres y aspirar a ideales más elevados. La amistad, en el confucianismo, no es simplemente un lazo emocional, sino una relación moral que enriquece tanto al individuo como a la sociedad.

Más allá de las Cinco Relaciones Cardinales, el confucianismo también reconoce la importancia de las normas y los rituales para mantener el orden social. Los *Li*, que abarcan desde ceremonias religiosas hasta comportamientos cotidianos, actúan como un lenguaje común que une a las personas en una red de respeto y armonía. Por ejemplo, el saludo respetuoso, la hospitalidad hacia los invitados y la moderación en las palabras y acciones son prácticas que refuerzan la cohesión social y reducen los conflictos.

El confucianismo no niega la existencia de conflictos y tensiones dentro de la sociedad, pero propone que estos pueden ser mitigados mediante la práctica de las virtudes y el cumplimiento de los roles sociales. Un ejemplo histórico de este enfoque es la era de la dinastía Han, cuando los principios confucianos se adoptaron como base para la administración estatal. Durante este período, el énfasis en la educación moral y los exámenes basados en el mérito ayudaron a consolidar un sistema social relativamente estable y cohesionado.

Sin embargo, la implementación del orden social confuciano no está exenta de desafíos. La rigidez de las jerarquías ha sido objeto de críticas, particularmente en contextos donde estas relaciones se han interpretado de manera opresiva o desigual. En respuesta a estas críticas, pensadores confucianos posteriores como Mencio y Dong Zhongshu enfatizaron la flexibilidad y la adaptabilidad de los principios confucianos, destacando que el orden social no debe ser una herramienta de dominación, sino un medio para el bienestar colectivo.

En el mundo contemporáneo, el concepto confuciano de orden social sigue ofreciendo una perspectiva valiosa. En sociedades cada vez más individualistas, donde las relaciones comunitarias a menudo se debilitan, los ideales de reciprocidad, responsabilidad y respeto mutuo pueden actuar como un contrapeso para restaurar la cohesión. Por ejemplo, en contextos empresariales, la adopción de una jerarquía ética basada en el respeto y la colaboración puede fomentar un ambiente de trabajo más armonioso y productivo.

Además, en el ámbito político, el enfoque confuciano sobre la relación entre gobernantes y gobernados subraya la importancia de la responsabilidad mutua. Un gobierno que actúa con integridad y prioriza el bienestar de su pueblo puede ganarse la confianza y la cooperación de la ciudadanía, creando un círculo virtuoso que refuerza la estabilidad social.

El orden social confuciano también encuentra eco en movimientos actuales que promueven la sostenibilidad y la justicia social. Al igual que en el confucianismo, estos movimientos reconocen que el bienestar individual está intrínsecamente ligado al bienestar colectivo y que la armonía solo puede lograrse cuando cada miembro de la sociedad asume su responsabilidad hacia los demás y hacia el entorno.

El concepto confuciano de orden social es un modelo profundamente interconectado que abarca desde las relaciones familiares hasta las estructuras políticas. Al enfatizar la importancia de los roles, las responsabilidades y las virtudes compartidas, este modelo no solo busca prevenir el caos, sino también cultivar un sentido de propósito y pertenencia que eleva a la sociedad en su conjunto. Aunque los tiempos han cambiado, las enseñanzas de Confucio sobre el orden social siguen resonando como un recordatorio de que la verdadera estabilidad proviene no de la fuerza, sino de la virtud, la compasión y el respeto mutuo.

Capítulo 36
Administración Pública

La administración pública en el confucianismo es una extensión directa de los principios morales que guían la vida individual y colectiva. Para Confucio, la gobernanza no es simplemente un acto de poder, sino un reflejo de la virtud y la responsabilidad.

Desde una perspectiva confuciana, un estado bien gobernado es aquel en el que los líderes actúan como modelos morales para la sociedad. Este principio se fundamenta en la idea de que el gobernante debe poseer un carácter ejemplar, cultivando virtudes como la justicia (*Yi*), la benevolencia (*Ren*) y la rectitud. Confucio creía firmemente que la legitimidad de un gobierno no proviene de su capacidad para imponer leyes, sino de su habilidad para inspirar respeto y confianza mediante su conducta ética.

Uno de los pilares de la administración pública confuciana es la meritocracia. Durante la dinastía Han, este principio se tradujo en la implementación de los exámenes imperiales, un sistema diseñado para seleccionar a los funcionarios más capacitados, independientemente de su origen social. Este enfoque contrastaba con sistemas anteriores, en los que los puestos gubernamentales solían otorgarse por herencia o favoritismo. El sistema de exámenes no solo garantizaba un alto nivel de competencia en la administración, sino que también reflejaba el ideal confuciano de que el talento y la virtud deben ser los criterios principales para ocupar cargos públicos.

Los rituales (*Li*) también desempeñan un papel crucial en la administración pública confuciana. Estos rituales no se limitan a ceremonias religiosas o protocolares, sino que incluyen normas de conducta que estructuran las interacciones entre los funcionarios y el pueblo. Por ejemplo, se espera que los funcionarios demuestren humildad y respeto hacia los ciudadanos, reconociendo que su autoridad deriva de su capacidad para servir al bien común. Estos rituales promueven un sentido de armonía y respeto mutuo, reduciendo la fricción y el conflicto en las relaciones administrativas.

En el ámbito práctico, la administración pública confuciana se centra en la educación y el bienestar de la población. Confucio veía la educación como una herramienta esencial para el desarrollo individual y colectivo. Un gobierno virtuoso, según él, debe garantizar que todos los ciudadanos tengan acceso a una formación moral y académica que les permita cumplir con sus responsabilidades cívicas y alcanzar su máximo potencial. Este enfoque se refleja en las políticas educativas de las dinastías confucianas, que priorizaban la enseñanza de los clásicos y los valores éticos.

Otro aspecto central de la administración pública confuciana es la distribución equitativa de los recursos. Confucio sostenía que la pobreza extrema y las desigualdades sociales son fuentes de inestabilidad y conflicto. Por lo tanto, instaba a los gobernantes a garantizar que los recursos del estado se utilicen para satisfacer las necesidades básicas de todos los ciudadanos. Este principio se manifiesta en medidas como la regulación de los impuestos y la provisión de asistencia en tiempos de crisis, como hambrunas o desastres naturales.

Sin embargo, el confucianismo no solo se centra en la acción del gobernante, sino también en la actitud de los gobernados. Según Confucio, los ciudadanos tienen el deber de respetar y apoyar a los líderes que actúan con justicia y virtud. Esta relación de reciprocidad fomenta un sentido de comunidad y responsabilidad compartida, fortaleciendo el tejido social.

Un ejemplo histórico de la implementación de estos principios se encuentra en la era de la dinastía Tang, considerada una de las más prósperas y estables de la historia china. Durante este período, los valores confucianos guiaron las políticas administrativas, promoviendo la meritocracia, la educación y la justicia social. Los funcionarios eran evaluados no solo por su competencia técnica, sino también por su carácter moral, lo que garantizaba una gobernanza orientada al bienestar común.

No obstante, la administración pública confuciana no estuvo exenta de críticas y desafíos. Algunos argumentan que su énfasis en la jerarquía y los rituales puede llevar a una burocracia rígida y poco innovadora. Además, en ciertos momentos de la historia, el sistema de exámenes imperiales fue monopolizado por las élites, lo que contradecía el ideal meritocrático. Estas desviaciones, sin embargo, no representan el núcleo de la filosofía confuciana, que siempre abogó por la adaptabilidad y la renovación constante de sus principios.

En el contexto contemporáneo, la administración pública inspirada en el confucianismo ofrece valiosas lecciones para los desafíos actuales. En un mundo marcado por la desconfianza hacia las instituciones, el énfasis confuciano en la ética y la integridad de los líderes puede servir como modelo para restaurar la confianza pública. Asimismo, su enfoque en la educación y el bienestar como pilares de la gobernanza resuena en iniciativas modernas que buscan reducir las desigualdades y promover el desarrollo sostenible.

En países como Corea del Sur y Japón, donde el legado confuciano sigue siendo fuerte, se pueden observar elementos de esta filosofía en las políticas públicas. Por ejemplo, el énfasis en la educación y el respeto por las jerarquías institucionales son características que reflejan la influencia confuciana. Incluso en el ámbito empresarial, principios como el liderazgo ético y la responsabilidad social corporativa encuentran paralelismos con las enseñanzas de Confucio.

En última instancia, la administración pública confuciana trasciende las fronteras geográficas y temporales, ofreciendo un enfoque holístico que combina ética, eficiencia y humanidad. Al enfatizar la virtud como el fundamento de la gobernanza, esta filosofía nos recuerda que el verdadero poder no reside en la autoridad o la fuerza, sino en la capacidad de inspirar confianza, respeto y cooperación.

En un mundo en constante cambio, donde las demandas de justicia y transparencia son cada vez más urgentes, el confucianismo nos invita a repensar nuestras instituciones y prácticas administrativas. Nos desafía a imaginar un modelo de gobernanza en el que la política no sea un juego de intereses, sino un acto de servicio, guiado por la sabiduría, la compasión y el compromiso con el bien común. Este ideal, aunque difícil de alcanzar, sigue siendo una fuente de inspiración para aquellos que buscan construir sociedades más justas y armoniosas.

Capítulo 37
Bien Común

El concepto de bien común ocupa un lugar central en el pensamiento confuciano, donde la gobernanza y las acciones individuales deben orientarse hacia el bienestar colectivo. En el confucianismo, el bien común no es simplemente una aspiración abstracta, sino un principio tangible que guía la estructura social, las relaciones humanas y las decisiones políticas.

Desde la perspectiva confuciana, el bien común comienza con la virtud individual. Para Confucio, los líderes deben actuar como ejemplos morales, pues su conducta repercute en la armonía social. Un gobernante virtuoso no solo gobierna con justicia, sino que también inspira a sus súbditos a emular su comportamiento. Esta idea se basa en la creencia de que el carácter ético de una persona tiene un impacto directo en su entorno. Así, el bien común se construye desde el interior de cada individuo, extendiéndose hacia la familia, la comunidad y finalmente la sociedad en su conjunto.

En la práctica, el bien común se materializa a través de políticas que equilibran los intereses individuales y colectivos. Durante las dinastías que adoptaron el confucianismo como marco filosófico, como los Han y los Tang, los gobernantes implementaron medidas para garantizar que las necesidades básicas de todos los ciudadanos estuvieran cubiertas. Por ejemplo, la regulación de los impuestos, el control de precios en momentos de crisis y los programas de asistencia para los más desfavorecidos reflejaban el compromiso con este principio.

El concepto de equilibrio es esencial en la búsqueda del bien común. Según Confucio, una sociedad justa es aquella en la que todos los miembros cumplen con su papel de manera armoniosa. Este equilibrio no implica uniformidad, sino una interdependencia respetuosa entre los diferentes estamentos sociales. En este sentido, el confucianismo reconoce la diversidad de talentos y habilidades entre las personas, y fomenta la idea de que cada individuo contribuya al bien común de acuerdo con sus capacidades.

Un ejemplo emblemático de esta filosofía es la relación entre gobernantes y gobernados. Confucio enfatizó que el poder debe ejercerse con benevolencia (*Ren*) y justicia (*Yi*), mientras que los ciudadanos tienen el deber de obedecer y respetar a los líderes que actúan de manera virtuosa. Esta relación recíproca no solo fortalece la cohesión social, sino que también crea un sentido compartido de responsabilidad hacia el bienestar colectivo.

En el contexto confuciano, el bien común también está intrínsecamente ligado a la educación. Confucio creía que la ignorancia era una barrera para la armonía social y el progreso. Por ello, consideraba que era deber del estado garantizar que todos los ciudadanos tuvieran acceso a la educación, no solo para adquirir habilidades técnicas, sino también para desarrollar una conciencia ética. Esta visión se refleja en las academias confucianas que florecieron durante la dinastía Song, donde se enseñaban tanto los clásicos confucianos como las ciencias prácticas.

Otro aspecto crucial del bien común en el confucianismo es la relación con la naturaleza. La armonía entre los seres humanos y el entorno natural es un principio recurrente en los textos confucianos, especialmente en los *Cinco Clásicos*. Según esta visión, el mal uso de los recursos naturales no solo es perjudicial para el medio ambiente, sino que también interrumpe el equilibrio necesario para la prosperidad colectiva. En este sentido, el confucianismo anticipa conceptos modernos de sostenibilidad, subrayando la importancia de actuar con moderación y responsabilidad hacia el entorno.

En términos históricos, el concepto de bien común tuvo un impacto duradero en la gobernanza de Asia Oriental. En Corea, durante la dinastía Joseon, los principios confucianos guiaron la implementación de reformas agrarias destinadas a reducir las desigualdades y garantizar la subsistencia de los campesinos. En Japón, el confucianismo influyó en las políticas del período Edo, donde la educación y la administración pública se enfocaron en el bienestar colectivo. Estos ejemplos demuestran cómo la filosofía confuciana trascendió las fronteras de China para inspirar modelos de gobernanza en toda la región.

Sin embargo, el bien común no está exento de desafíos. En ocasiones, los ideales confucianos fueron distorsionados por líderes que utilizaban la retórica de la virtud para justificar sistemas autoritarios. Además, la tensión entre los intereses individuales y colectivos ha sido un tema recurrente en la historia, tanto en contextos confucianos como en otras tradiciones. A pesar de estas dificultades, el concepto de bien común sigue siendo una brújula ética que orienta la acción social y política.

En el mundo contemporáneo, el confucianismo ofrece lecciones valiosas para enfrentar los problemas globales. En un momento en que la desigualdad y la crisis ambiental amenazan la estabilidad social, los principios confucianos de responsabilidad mutua, justicia distributiva y respeto por la naturaleza adquieren una relevancia renovada. Por ejemplo, en China, las iniciativas actuales para reducir la pobreza extrema y promover el desarrollo sostenible encuentran ecos en los ideales confucianos de bienestar colectivo.

El bien común también puede servir como puente entre diferentes tradiciones filosóficas. Aunque cada cultura tiene su propia interpretación de este concepto, los principios de cooperación, equidad y responsabilidad compartida son universales. En este sentido, el confucianismo puede contribuir al diálogo global sobre cómo construir sociedades más justas y sostenibles.

En última instancia, el bien común en el confucianismo no es un objetivo estático, sino un proceso dinámico que requiere esfuerzo continuo. A través del cultivo personal, la educación y la acción colectiva, el confucianismo nos invita a imaginar un mundo en el que las necesidades de todos sean atendidas sin sacrificar la dignidad ni la diversidad. Este ideal, aunque desafiante, sigue siendo una fuente de inspiración para quienes buscan un equilibrio entre el progreso individual y el bienestar colectivo.

En un tiempo de incertidumbre global, el legado confuciano del bien común nos recuerda que la verdadera prosperidad no se mide solo en términos económicos, sino en la calidad de nuestras relaciones y en nuestra capacidad para cuidar unos de otros y del mundo que compartimos. Este principio, profundamente enraizado en la tradición confuciana, sigue iluminando el camino hacia una humanidad más armoniosa y solidaria.

Capítulo 38
Justicia Gubernamental

La justicia, en su forma más pura, se erige como uno de los pilares fundamentales de la gobernanza confuciana. Para el pensamiento confuciano, la administración pública no es solo una cuestión de orden práctico, sino una manifestación directa de los valores éticos que sostienen la estabilidad y la legitimidad de una sociedad.

En el núcleo del concepto confuciano de justicia gubernamental se encuentra la idea de *Yi* (rectitud). Esta virtud guía tanto a los líderes como a los ciudadanos en la toma de decisiones basadas en lo correcto, en lugar de lo que simplemente resulta conveniente o ventajoso. La justicia no es entendida como una noción abstracta o distante, sino como una práctica tangible que permea todas las acciones del estado. En la visión confuciana, un gobierno justo no solo promulga leyes equitativas, sino que actúa como modelo moral, inspirando confianza y respeto entre sus gobernados.

El confucianismo establece que los gobernantes deben ser seleccionados no por su linaje o riqueza, sino por su virtud y capacidad para actuar con justicia. Este principio, conocido como meritocracia, se materializó en el sistema de exámenes imperiales que prevaleció en China durante más de mil años. A través de esta estructura, el confucianismo buscó garantizar que los funcionarios públicos fueran individuos cultos y moralmente íntegros, comprometidos con el bienestar colectivo.

La imparcialidad es otro principio clave de la justicia gubernamental confuciana. Según Confucio, un líder debe tratar a todos los ciudadanos con equidad, independientemente de su posición social. Esta idea se encuentra en los *Analectos*, donde se destaca que la benevolencia (*Ren*) debe extenderse a todos, sin discriminación. En la práctica, esto significaba que las políticas gubernamentales debían beneficiar a todos los sectores de la sociedad, desde los campesinos hasta los eruditos.

Sin embargo, la justicia no se limita a la equidad en la distribución de recursos. En el pensamiento confuciano, también implica la capacidad de corregir errores y rectificar abusos de poder. Este enfoque está enraizado en el concepto de *Zheng* (rectificación), que enfatiza la necesidad de que los gobernantes admitan sus fallas y tomen medidas para remediarlas. Un ejemplo histórico de esta práctica se encuentra en el reinado del emperador Taizong de la dinastía Tang, quien implementó sistemas de supervisión para garantizar que los funcionarios actuaran de manera justa y honesta.

En el ámbito legal, el confucianismo adopta un enfoque humanista. Aunque reconoce la necesidad de leyes para mantener el orden, también enfatiza que estas deben ser aplicadas con compasión y flexibilidad. Confucio creía que la verdadera justicia no proviene de la estricta aplicación de las normas, sino de la comprensión de las circunstancias individuales. Este principio se refleja en el dicho: "Gobierna con virtud y el pueblo será recto; gobierna con leyes y castigos, y el pueblo evitará el castigo, pero carecerá de vergüenza."

A lo largo de la historia, la justicia gubernamental confuciana enfrentó desafíos significativos. Durante ciertos períodos, como la dinastía Qing tardía, la corrupción y la burocratización minaron los ideales confucianos, creando una brecha entre la teoría y la práctica. Sin embargo, estos episodios también provocaron reflexiones profundas y reformas destinadas a restaurar la justicia como núcleo de la administración pública.

En el contexto moderno, el confucianismo ofrece valiosas perspectivas sobre la justicia gubernamental. En un mundo marcado por la creciente desigualdad y la desconfianza hacia las instituciones, los principios confucianos de rectitud, imparcialidad y benevolencia tienen el potencial de inspirar reformas en la gobernanza. Por ejemplo, el énfasis en la meritocracia puede informar sistemas de selección más justos y transparentes, mientras que la idea de rectificación puede fomentar la rendición de cuentas y la transparencia en el liderazgo.

La relevancia del confucianismo también se observa en la relación entre justicia y sostenibilidad. Según los textos clásicos, un gobierno justo no solo debe atender las necesidades humanas, sino también preservar el equilibrio con la naturaleza. Este enfoque holístico resuena con los desafíos actuales relacionados con el cambio climático y la gestión de recursos, subrayando la necesidad de políticas que integren justicia social y responsabilidad ambiental.

Asimismo, la justicia gubernamental confuciana destaca la importancia del diálogo y la participación ciudadana. Aunque el confucianismo tradicionalmente pone un énfasis significativo en la autoridad de los gobernantes, también reconoce que un gobierno justo debe escuchar las voces del pueblo. Esta idea se manifiesta en el concepto de "mandato del cielo" (*Tianming*), que sostiene que la legitimidad de un líder depende de su capacidad para atender las necesidades de sus gobernados.

La justicia gubernamental también juega un papel crucial en la promoción de la paz y la estabilidad. En el pensamiento confuciano, la justicia no solo es un medio para resolver conflictos, sino una herramienta para prevenirlos. Al garantizar que todas las personas sean tratadas con dignidad y respeto, un gobierno justo crea las condiciones para una sociedad armoniosa.

En última instancia, la justicia gubernamental confuciana trasciende las fronteras culturales y temporales. Aunque surgió en un contexto histórico específico, sus principios fundamentales resuenan con valores universales de equidad, responsabilidad y compasión. A medida que las sociedades modernas enfrentan crecientes demandas de justicia y equidad, el legado confuciano ofrece una guía inspiradora para construir sistemas de gobernanza que equilibren la eficiencia con la humanidad.

En el espíritu de Confucio, la verdadera justicia no es solo una cuestión de leyes y políticas, sino una manifestación de la virtud en acción. Es un recordatorio de que la gobernanza no es simplemente un ejercicio de poder, sino una responsabilidad ética hacia el bienestar de todos los seres humanos. En este sentido, la justicia gubernamental confuciana sigue siendo un faro de esperanza para quienes buscan un mundo más justo y equitativo.

Capítulo 39
Armonía Política

La búsqueda de la armonía política en el confucianismo no es un simple ideal utópico; es un principio profundamente arraigado que guía tanto las interacciones humanas como la organización del poder en la sociedad. En el pensamiento confuciano, la política no se reduce a la administración técnica del estado, sino que se entiende como un reflejo del orden moral universal, una extensión de las virtudes personales aplicadas al ámbito colectivo.

La clave para entender la armonía política confuciana radica en el concepto de *He* (armonía). Lejos de ser una mera ausencia de conflicto, *He* se refiere a la coexistencia equilibrada y productiva de diferentes elementos, cada uno cumpliendo su función dentro de un sistema mayor. En el ámbito político, esto significa que gobernantes, funcionarios y ciudadanos deben trabajar juntos en una relación de mutua responsabilidad y beneficio, guiados por un compromiso compartido con la virtud y el bienestar común.

Para alcanzar esta armonía, el confucianismo enfatiza la importancia de la virtud en los líderes. Según Confucio, el gobernante debe ser un modelo de moralidad y autocultivo, inspirando a sus súbditos no a través de la fuerza o el miedo, sino por su ejemplo ético. Este enfoque se encuentra en los *Analectos*, donde se afirma: "El gobernante virtuoso es como el viento, y el pueblo es como la hierba; donde sopla el viento, la hierba se inclina." La virtud del líder, expresada a través de *Ren* (humanidad) y *Yi* (justicia), actúa como un catalizador para la armonía política, estableciendo un tono de respeto y cooperación en toda la sociedad.

Sin embargo, la armonía política no es unilateral; también requiere que los ciudadanos desempeñen activamente su papel en la sociedad. El concepto confuciano de *Li* (rituales y normas) no solo regula el comportamiento en las interacciones diarias, sino que también establece un marco para las relaciones políticas. Estos rituales, que incluyen desde ceremonias oficiales hasta prácticas de cortesía cotidiana, refuerzan el respeto mutuo y la cohesión social, creando un entorno en el que las diferencias pueden resolverse sin conflicto.

El diálogo es otro componente esencial de la armonía política. El confucianismo reconoce que las tensiones y los desacuerdos son inevitables en cualquier sociedad, pero insiste en que deben abordarse a través de la deliberación y la negociación, no de la confrontación. Este enfoque se ejemplifica en el principio de "gobernar por medio de la persuasión" (*De*), en contraposición al uso de la fuerza. La persuasión no solo implica argumentos racionales, sino también la capacidad de escuchar y comprender las perspectivas de los demás, una práctica que fomenta la confianza y el respeto mutuo.

Históricamente, la búsqueda de armonía política se manifestó en las estructuras administrativas de las dinastías chinas influenciadas por el confucianismo. Un ejemplo notable es el sistema de exámenes imperiales, que no solo seleccionaba a los funcionarios más capaces, sino que también promovía un sentido de unidad cultural y moral entre la élite gobernante. Este sistema reflejaba la creencia confuciana de que la administración pública debía basarse en principios éticos, en lugar de intereses personales o ambiciones de poder.

Sin embargo, el ideal de armonía política también enfrenta desafíos. En tiempos de crisis o descontento social, la falta de comunicación y la corrupción pueden minar la confianza entre gobernantes y gobernados, creando una brecha que dificulta la cooperación. En estos contextos, el confucianismo ofrece una solución a través del concepto de rectificación (*Zheng*), que exige que los líderes admitan sus errores y trabajen activamente para restaurar la confianza y la justicia.

En el mundo contemporáneo, la armonía política confuciana tiene una relevancia renovada. En un contexto global marcado por la polarización, los conflictos y la fragmentación social, los principios confucianos de respeto, diálogo y virtud pueden servir como una guía poderosa para superar las divisiones. Por ejemplo, en las democracias modernas, donde el debate político a menudo se convierte en una lucha por el poder, el énfasis confuciano en la persuasión y el respeto mutuo puede inspirar formas más constructivas de deliberación y toma de decisiones.

Además, la armonía política confuciana también tiene implicaciones para la gobernanza global. En un mundo interconectado, donde los problemas trascienden las fronteras nacionales, la cooperación entre países se vuelve esencial. El confucianismo, con su énfasis en la interdependencia y el bien común, ofrece una perspectiva valiosa para abordar desafíos globales como el cambio climático, la desigualdad económica y los conflictos internacionales.

A nivel local, la armonía política también puede fortalecer la cohesión social y la participación ciudadana. Al fomentar un sentido compartido de responsabilidad y respeto, el confucianismo puede inspirar iniciativas comunitarias que promuevan la justicia y el bienestar colectivo. Un ejemplo contemporáneo es el creciente interés en la "ética confuciana empresarial", que busca integrar los valores de respeto, equidad y sostenibilidad en las prácticas corporativas, contribuyendo no solo al éxito económico, sino también a la armonía social.

Sin embargo, es importante reconocer que la armonía política no implica uniformidad o conformidad. En el pensamiento confuciano, las diferencias son vistas como una fuente de riqueza y vitalidad, siempre y cuando se gestionen dentro de un marco de respeto y cooperación. Este enfoque inclusivo es especialmente relevante en sociedades diversas y multiculturales, donde la capacidad de integrar perspectivas distintas es esencial para lograr una convivencia pacífica y productiva.

En conclusión, la armonía política confuciana no es un objetivo estático, sino un proceso dinámico que requiere esfuerzo y compromiso constante por parte de todos los miembros de la sociedad. Es un recordatorio de que la política, en su esencia, no se trata de competir por el poder, sino de construir un orden social que refleje los valores más elevados de la humanidad.

A medida que el mundo enfrenta desafíos cada vez más complejos, el legado confuciano ofrece una visión inspiradora de lo que puede lograrse cuando la política se basa en la virtud, el respeto y la cooperación. En el espíritu de Confucio, la verdadera armonía no es simplemente la ausencia de conflicto, sino la presencia activa de justicia, humanidad y un profundo compromiso con el bienestar de todos.

Capítulo 40
Reforma Social

La reforma social en el pensamiento confuciano no es un acto aislado ni una respuesta meramente pragmática a las crisis del momento. Es, más bien, un proceso continuo, intrínsecamente conectado con los principios de virtud, justicia y armonía que guían el confucianismo.

En el núcleo de la reforma social confuciana se encuentra el concepto de *Ren* (humanidad o benevolencia). Este valor guía las relaciones humanas y establece que cualquier cambio en la sociedad debe surgir del respeto mutuo y de la búsqueda del bienestar colectivo. Para Confucio, la estabilidad social solo podía lograrse cuando las personas y las instituciones actuaban en consonancia con los principios éticos, abandonando el egoísmo y priorizando el bien común.

El primer paso hacia la reforma, según el confucianismo, es la transformación individual. No se puede cambiar la sociedad sin antes cultivar la virtud en cada persona. Este proceso comienza con el *autocultivo* (*Xiushen*), un principio que requiere introspección constante, aprendizaje y la práctica de valores como la honestidad, la justicia y la piedad filial. La reforma social no es impuesta desde arriba, sino que surge orgánicamente cuando los individuos alcanzan un nivel de virtud que influye en su entorno inmediato y, en última instancia, en toda la comunidad.

Sin embargo, Confucio entendía que el cambio individual debía complementarse con instituciones justas y líderes virtuosos. En este contexto, el gobernante tiene un papel central en la reforma social. Su función no es solo administrar, sino liderar con el ejemplo. Confucio afirmaba: "Si un gobernante es recto, su pueblo seguirá su camino sin necesidad de órdenes. Si no lo es, por más que ordene, no será obedecido." Este énfasis en el liderazgo moral implica que los líderes deben encarnar los valores que desean promover en la sociedad, actuando como modelos de virtud para inspirar confianza y cooperación.

En el ámbito de las instituciones, el confucianismo insiste en que estas deben alinearse con los principios de *Li* (ritual y normas). Las normas sociales y las leyes no son vistas como herramientas de control, sino como medios para educar y orientar a la población hacia el comportamiento virtuoso. Por ejemplo, las reformas legales deben ser diseñadas no solo para castigar, sino también para fomentar el aprendizaje y la reflexión moral, ayudando a las personas a comprender el impacto de sus acciones en la comunidad.

La educación es otro pilar fundamental de la reforma social en el confucianismo. Confucio sostenía que una sociedad justa y próspera solo podía construirse si se garantizaba el acceso al conocimiento y al desarrollo moral para todos, independientemente de su origen social. En este sentido, la educación no se limita a la transmisión de habilidades prácticas, sino que se centra en inculcar valores éticos y fomentar un pensamiento crítico que permita a los individuos cuestionar las injusticias y buscar soluciones basadas en la virtud y el respeto mutuo.

Históricamente, el confucianismo ha influido en numerosas reformas sociales en China y más allá. Durante la dinastía Han, por ejemplo, el confucianismo se convirtió en la base del sistema político y educativo, promoviendo la meritocracia como un principio rector. A través de los exámenes imperiales, se buscaba garantizar que los funcionarios fueran seleccionados por su capacidad y virtud, en lugar de su posición social o riqueza. Este enfoque meritocrático no solo fortaleció las instituciones, sino que también inspiró un sentido de equidad y responsabilidad social que perduró durante siglos.

No obstante, la implementación de las reformas sociales confucianas no estuvo exenta de desafíos. La resistencia al cambio, tanto de las élites como de las masas, a menudo obstaculizó los esfuerzos por establecer un orden más justo. Sin embargo, el confucianismo aborda estas tensiones mediante el principio de *Zhongyong* (el camino medio), que busca equilibrar las necesidades y expectativas de diferentes grupos sociales, evitando tanto el conservadurismo extremo como el radicalismo destructivo.

En el contexto contemporáneo, las ideas confucianas sobre la reforma social tienen una relevancia significativa. En un mundo marcado por la desigualdad, la polarización y la desconfianza en las instituciones, los principios de humanidad, justicia y liderazgo ético ofrecen una guía valiosa para abordar los desafíos actuales. Por ejemplo, en el ámbito de la justicia social, el confucianismo puede inspirar políticas que combinen la equidad con la responsabilidad individual, fomentando una cultura de respeto mutuo y cooperación.

La sostenibilidad también es un área donde el confucianismo puede contribuir a la reforma social. Su énfasis en la armonía entre los seres humanos y la naturaleza resuena con los esfuerzos modernos para enfrentar la crisis ambiental. Desde la perspectiva confuciana, la explotación irresponsable de los recursos no solo es un problema ecológico, sino también un fracaso moral, ya que rompe el equilibrio fundamental entre el hombre y el cosmos. Por lo tanto, la reforma social debe incluir un compromiso con prácticas sostenibles que protejan tanto el medio ambiente como las generaciones futuras.

Otro aspecto importante es la aplicación de los principios confucianos en el ámbito empresarial. En un entorno donde el crecimiento económico a menudo se prioriza por encima del bienestar social, el confucianismo ofrece una visión alternativa que pone el énfasis en la ética y la responsabilidad. Empresas guiadas por valores confucianos no solo buscan maximizar las ganancias, sino también contribuir al bienestar de sus empleados, clientes y comunidades, promoviendo un desarrollo económico más inclusivo y equilibrado.

A nivel global, la reforma social confuciana puede servir como un puente entre diferentes culturas y tradiciones. Su enfoque en la humanidad compartida y la búsqueda del bien común ofrece un marco para el diálogo intercultural, ayudando a superar divisiones y construir un orden internacional basado en la cooperación y el respeto mutuo. En un tiempo donde las tensiones globales amenazan con fragmentar aún más a la humanidad, la sabiduría confuciana puede actuar como un recordatorio de nuestra interdependencia y responsabilidad compartida.

En conclusión, la reforma social en el confucianismo no es un destino, sino un camino continuo que exige esfuerzo, reflexión y compromiso constante. Es un proceso que comienza con la transformación interior y se extiende hacia la creación de instituciones justas y una sociedad armoniosa. En palabras de Confucio: "No te preocupes porque los demás no te reconozcan; preocúpate por no ser digno de reconocimiento." Este llamado a la virtud y al autocultivo no solo define el núcleo del confucianismo, sino que también ilumina el camino hacia un futuro más justo y equilibrado para todos.

Capítulo 41
Rituais Prácticos

Los rituales confucianos, conocidos como *Li*, trascienden las ceremonias formales para convertirse en una piedra angular de la vida cotidiana, conectando al individuo con la comunidad y la tradición.

En el confucianismo, el concepto de *Li* no se limita a actos solemnes o religiosos. Representa una estructura de comportamientos y normas que regulan las interacciones humanas en todos los niveles, desde la familia hasta el gobierno. Estos rituales reflejan un equilibrio entre lo interno y lo externo: moldean el carácter individual mientras refuerzan los valores colectivos, fomentando un entorno donde la virtud puede florecer. Confucio mismo afirmó que *Li* no era solo una formalidad, sino el camino hacia una sociedad justa y armónica.

Uno de los aspectos más significativos de los rituales confucianos es su capacidad para preservar y transmitir valores a través de las generaciones. Cada gesto y cada palabra dentro de un ritual tienen un propósito que va más allá de lo aparente: encarnar el respeto, la gratitud y la conexión con los demás. Por ejemplo, en las ceremonias familiares, como las dedicadas a honrar a los antepasados, no solo se recuerda a los que han partido, sino que también se refuerzan los lazos entre los miembros de la familia y su sentido de pertenencia a un legado mayor.

La importancia de los rituales no se limita al ámbito familiar. En el contexto educativo, los ritos marcan el paso del aprendizaje teórico al cultivo práctico de la virtud. Los estudiantes, al participar en estas prácticas, no solo adquieren conocimiento, sino que también desarrollan autodisciplina, humildad y respeto por la sabiduría acumulada a lo largo del tiempo. En este sentido, los rituales educativos son un puente entre el desarrollo personal y el servicio a la comunidad.

En el ámbito gubernamental, los rituales se utilizan para establecer y mantener la legitimidad y la autoridad moral. Durante la antigüedad, los líderes chinos realizaban ceremonias elaboradas para demostrar su alineación con la voluntad del *Tian* (Cielo) y su compromiso con la justicia y el bienestar del pueblo. Estas prácticas no solo reforzaban la conexión espiritual entre el gobernante y sus súbditos, sino que también ofrecían un modelo de liderazgo basado en la virtud y el servicio.

El Confucianismo también subraya la flexibilidad de los rituales, adaptándolos a los contextos cambiantes sin perder su esencia. Un ejemplo claro de esto es cómo las normas de comportamiento y etiqueta evolucionaron para abordar las necesidades de las comunidades urbanas modernas. Aunque el entorno ha cambiado, los principios subyacentes, como el respeto mutuo y la integridad, permanecen inmutables. Esta capacidad de adaptación es una de las razones por las cuales el confucianismo ha perdurado a lo largo de los siglos.

Un aspecto central de los rituales confucianos es su enfoque en el autocultivo. Al participar en ellos, los individuos no solo cumplen con una tradición externa, sino que también transforman su carácter interno. Confucio enseñaba que los rituales permiten a las personas refinar sus emociones y deseos, alineándolos con los valores de virtud y armonía. Por ejemplo, en las interacciones cotidianas, como saludar a un vecino o compartir una comida, el ritual infunde un sentido de propósito y conexión que eleva lo ordinario a lo extraordinario.

Los textos clásicos del confucianismo, como el *Libro de los Ritos*, proporcionan una guía detallada sobre cómo llevar a cabo estas prácticas. Sin embargo, más allá de las instrucciones específicas, subrayan la importancia de la intención detrás de cada acción. Un ritual realizado sin sinceridad pierde su valor, convirtiéndose en una mera formalidad vacía. Por el contrario, cuando se realiza con autenticidad, tiene el poder de transformar tanto al individuo como a la comunidad.

En el contexto actual, los rituales confucianos encuentran una nueva relevancia en medio de los desafíos de la modernidad. En un mundo caracterizado por el estrés, la alienación y la pérdida de tradiciones, estas prácticas ofrecen un ancla que conecta a las personas con sus raíces culturales y espirituales. Por ejemplo, en las ciudades contemporáneas, donde las interacciones humanas a menudo se reducen a transacciones impersonales, los rituales pueden restablecer el sentido de comunidad y respeto mutuo.

Además, los rituales confucianos tienen aplicaciones prácticas en la resolución de conflictos. Al proporcionar un marco para el diálogo respetuoso y la reconciliación, estos ritos fomentan un ambiente donde las diferencias pueden ser resueltas sin recurrir a la confrontación. En este sentido, el confucianismo ofrece una alternativa ética a las prácticas polarizadoras que prevalecen en muchos contextos políticos y sociales.

El impacto de los rituales también se extiende al ámbito ambiental. En el confucianismo, los rituales no solo conectan a las personas entre sí, sino también con la naturaleza. Las ceremonias que honran al Cielo y la Tierra reflejan una profunda reverencia por el equilibrio ecológico y un reconocimiento de la interdependencia entre los seres humanos y su entorno. Este enfoque puede inspirar un compromiso renovado con la sostenibilidad y la protección del medio ambiente en la era contemporánea.

Es importante destacar que los rituales confucianos no buscan imponer uniformidad, sino celebrar la diversidad dentro de una estructura común de valores. Al permitir que cada comunidad adapte las prácticas a sus circunstancias específicas, el confucianismo demuestra su universalidad y su capacidad para enriquecer diferentes culturas y contextos.

En conclusión, los rituales confucianos son mucho más que una serie de prácticas tradicionales. Son una expresión tangible de los principios éticos y espirituales que sustentan el confucianismo, un medio para cultivar la virtud y un puente entre el pasado y el presente. Al redescubrir y reinterpretar estas prácticas en el mundo moderno, se puede avanzar hacia una sociedad más armoniosa, justa y conectada con sus raíces más profundas.

Capítulo 42
Conducta Diaria

La esencia del confucianismo se refleja en la vida cotidiana, en las interacciones más simples y aparentemente insignificantes que, al estar impregnadas de virtud, se convierten en un acto de conexión y armonía.

En el corazón de la filosofía confuciana está la convicción de que las pequeñas acciones construyen la base de una vida virtuosa. Cada palabra dicha, cada gesto realizado, tiene un peso moral y contribuye al desarrollo del carácter. Por ello, Confucio enseñaba que incluso en las actividades más rutinarias, como saludar a un vecino o compartir una comida, se debe actuar con un sentido de responsabilidad y humanidad. La verdadera virtud no se demuestra en momentos extraordinarios, sino en el día a día, donde la repetición constante de buenos hábitos moldea el alma.

La vida familiar, según el confucianismo, es el primer y más fundamental espacio para practicar la conducta diaria virtuosa. Dentro de la familia, el respeto mutuo y la dedicación a los roles correspondientes establecen el modelo para las relaciones externas. Por ejemplo, el respeto hacia los padres, conocido como *Xiao* (piedad filial), no solo fortalece los lazos familiares, sino que también enseña a los individuos a valorar la jerarquía y la interdependencia en todas las esferas de la vida. Esta actitud de reverencia y cuidado hacia los mayores, cuando se extiende a la sociedad, promueve un ambiente de armonía y cohesión.

La cortesía es otro componente esencial de la conducta diaria en el confucianismo. Expresada a través de gestos sencillos como inclinarse al saludar o ceder el paso, la cortesía no es solo una formalidad, sino una manifestación visible del respeto hacia los demás. Según Confucio, un saludo sincero o una muestra de gratitud no son meras acciones mecánicas, sino reflejos del cultivo interior de la virtud. La etiqueta y los modales, cuando se practican conscientemente, elevan las relaciones humanas, transformando incluso los encuentros más fugaces en momentos de conexión significativa.

En el ámbito profesional, el confucianismo subraya la importancia de la integridad y la diligencia como principios rectores. Un comerciante que actúa con honestidad o un artesano que trabaja con dedicación no solo cumplen con sus obligaciones, sino que también contribuyen al bienestar de la comunidad. La ética laboral confuciana se basa en la idea de que cada individuo tiene un papel único y valioso que desempeñar en la sociedad, y que al cumplirlo con esmero y responsabilidad, no solo se beneficia a uno mismo, sino también al colectivo.

En la esfera pública, el confucianismo promueve la conducta cívica y el respeto por las normas sociales como una extensión de los valores familiares. Respetar las leyes, mantener limpio el entorno y tratar a los demás con amabilidad son ejemplos de cómo la ética confuciana se traduce en acciones concretas que fortalecen la estructura social. Confucio creía firmemente que la virtud individual tiene un efecto multiplicador, inspirando a otros a comportarse de manera similar y creando así una sociedad más justa y ordenada.

La autorreflexión diaria es una práctica clave para alinear las acciones con los valores confucianos. Según los *Analectos*, Confucio recomendaba a sus discípulos examinar su conducta al final de cada día, preguntándose: "¿He sido leal en mi trabajo? ¿He sido sincero con mis amigos? ¿He descuidado a alguien?" Este hábito no solo permite corregir errores, sino que también fortalece el compromiso con el autocultivo continuo. La reflexión constante es la herramienta mediante la cual el individuo ajusta su conducta para alinearse con los ideales éticos.

Un ejemplo notable de conducta diaria virtuosa se encuentra en las comunidades tradicionales chinas, donde los principios confucianos impregnaban cada aspecto de la vida. En los mercados, los comerciantes respetaban las reglas no escritas de equidad y transparencia; en las aldeas, los vecinos colaboraban para resolver problemas comunes, demostrando solidaridad y empatía. Estas prácticas, aunque sencillas, eran la base sobre la cual se construían comunidades cohesionadas y prósperas.

En el contexto moderno, la aplicación de la conducta diaria confuciana enfrenta nuevos desafíos, pero también ofrece soluciones relevantes. En una era marcada por el individualismo y la desconexión, los principios confucianos pueden servir como un antídoto, fomentando la cooperación, el respeto mutuo y el sentido de propósito compartido. Por ejemplo, en un lugar de trabajo contemporáneo, la práctica de la cortesía y la integridad puede transformar el ambiente laboral, promoviendo la confianza y la colaboración entre los empleados.

Además, las interacciones digitales presentan una nueva esfera donde los valores confucianos pueden ser aplicados. En un mundo virtual donde a menudo prevalecen la hostilidad y la falta de respeto, el confucianismo ofrece una guía para actuar con responsabilidad y consideración, recordando que detrás de cada pantalla hay una persona digna de respeto. Adoptar una conducta ética en el ámbito digital no solo mejora la calidad de las interacciones, sino que también refuerza los valores de humanidad y empatía.

La educación desempeña un papel crucial en inculcar los principios de la conducta diaria confuciana desde una edad temprana. A través de ejemplos prácticos y enseñanzas explícitas, los padres y maestros pueden guiar a los niños para que comprendan la importancia de actuar con rectitud en todas las situaciones. Enseñar a los jóvenes a valorar las pequeñas acciones, como decir "gracias" o ayudar a un compañero, sienta las bases para una vida llena de virtudes mayores.

La práctica diaria de la virtud no es un fin en sí mismo, sino un medio para alcanzar un propósito más elevado: la armonía universal. Al alinear las acciones individuales con los valores éticos, se crea un equilibrio que beneficia tanto al individuo como a la comunidad. En palabras de Confucio: "El hombre superior se esfuerza en la virtud; el hombre inferior se esfuerza en la comodidad." Esta enseñanza resalta la idea de que la verdadera realización personal proviene de vivir en consonancia con los ideales más nobles.

     La conducta diaria confuciana es una expresión tangible de los principios fundamentales de esta filosofía. Al prestar atención a las acciones cotidianas y realizarlas con intención y virtud, se construye un carácter sólido y se contribuye al bienestar colectivo. En un mundo cada vez más complejo, los valores confucianos continúan ofreciendo una guía atemporal para vivir con integridad, respeto y humanidad.

Capítulo 43
Etiqueta Social

En el entramado de las relaciones humanas, la etiqueta social confuciana emerge como una herramienta esencial para mantener la armonía y el respeto mutuo. No se trata únicamente de un conjunto de reglas superficiales o mecánicas, sino de un sistema profundamente arraigado en la ética y la virtud.

En el pensamiento confuciano, la etiqueta no es meramente decorativa. Cada gesto, cada palabra y cada acción tienen un significado moral que va más allá de su función práctica. Desde cómo se dirige uno a los mayores hasta la manera de comportarse en un banquete, la etiqueta establece un marco para interactuar con los demás de manera respetuosa y virtuosa. Para Confucio, la cortesía y los buenos modales no eran simples formalidades, sino expresiones visibles del autocontrol y del respeto hacia la dignidad inherente de cada individuo.

La etiqueta comienza en la familia, considerada por Confucio como el núcleo de toda enseñanza moral. El respeto hacia los padres y los hermanos mayores es el primer paso en el aprendizaje de las normas sociales. Por ejemplo, la manera en que un hijo se dirige a su padre refleja no solo su relación personal, sino también su comprensión de los valores jerárquicos que sustentan el orden social. Al transferir estas prácticas a otros ámbitos, como el trabajo o la comunidad, se crea una red de interacciones que refuerza el respeto mutuo y la cohesión.

Un aspecto central de la etiqueta confuciana es el lenguaje. La manera de hablar, la elección de las palabras y el tono utilizado deben reflejar cortesía y sinceridad. Confucio enseñaba que las palabras pueden elevar o degradar una situación; por ello, recomendaba evitar la exageración, la crítica innecesaria y la grosería. Un lenguaje controlado y respetuoso no solo mejora la calidad de las relaciones, sino que también demuestra el grado de autocultivo del hablante.

En eventos sociales, la etiqueta confuciana se manifiesta a través de gestos específicos que simbolizan el respeto y la humildad. En un banquete, por ejemplo, es costumbre dejar que los mayores o los anfitriones comiencen a comer primero, un acto que simboliza gratitud y deferencia. En reuniones formales, el modo de inclinarse al saludar o la manera de entregar un regalo reflejan la consideración hacia los demás. Cada detalle importa, no por su forma externa, sino porque comunica un reconocimiento sincero de la relación y el contexto.

La etiqueta también desempeña un papel crucial en la resolución de conflictos. Según Confucio, una actitud respetuosa puede desactivar tensiones y promover el diálogo. Cuando dos personas en desacuerdo se tratan con cortesía, se crea un espacio para la comprensión mutua y la reconciliación. Este principio se aplica tanto en disputas familiares como en negociaciones diplomáticas, demostrando la versatilidad de la etiqueta como herramienta para mantener la armonía.

En la China antigua, la etiqueta confuciana también regulaba las interacciones entre diferentes clases sociales. Aunque la jerarquía era un elemento fundamental del sistema social, Confucio enfatizaba que todos, independientemente de su posición, debían ser tratados con dignidad. Así, un líder virtuoso demostraría respeto hacia sus súbditos mediante un trato justo y considerado, mientras que los ciudadanos mostrarían deferencia hacia la autoridad de manera sincera, no por temor, sino por reconocimiento de su liderazgo moral.

En el ámbito educativo, la etiqueta es enseñada desde temprana edad como parte del proceso de formación moral. Los maestros no solo instruían a los estudiantes en materias académicas, sino que también modelaban el comportamiento apropiado en diversas situaciones. La repetición constante de estos gestos y normas ayudaba a interiorizar los valores subyacentes, de modo que la etiqueta se convertía en una segunda naturaleza para los jóvenes.

A medida que la sociedad avanza hacia la modernidad, la relevancia de la etiqueta confuciana enfrenta nuevos desafíos. En un mundo donde la velocidad y la tecnología dominan las interacciones humanas, las prácticas tradicionales pueden parecer anticuadas o innecesarias. Sin embargo, es precisamente en este contexto donde los principios de la etiqueta confuciana pueden ofrecer un contrapeso necesario, recordándonos la importancia de la conexión humana genuina.

Por ejemplo, en el entorno digital, donde las conversaciones suelen carecer de los matices de la comunicación cara a cara, los valores confucianos de cortesía y consideración pueden servir como guía. Responder con amabilidad a un correo electrónico o abstenerse de comentarios despectivos en redes sociales son ejemplos de cómo la etiqueta puede adaptarse a la era tecnológica. Al aplicar estos principios en contextos modernos, se preserva su esencia mientras se responde a las necesidades del presente.

En el ámbito profesional, la etiqueta confuciana puede mejorar significativamente las relaciones laborales y la cultura organizacional. Saludar a los colegas con respeto, escuchar activamente durante una reunión y reconocer los logros de otros son prácticas que reflejan los valores confucianos en acción. Estas conductas no solo promueven un ambiente de trabajo positivo, sino que también fortalecen la confianza y la colaboración dentro del equipo.

Además, la etiqueta confuciana tiene el potencial de fomentar un mayor entendimiento intercultural. En un mundo globalizado, donde las personas de diferentes antecedentes interactúan con mayor frecuencia, los principios de respeto mutuo y sensibilidad cultural son más importantes que nunca. Al adoptar una actitud abierta y considerada hacia las costumbres de los demás, se crea un puente entre culturas, promoviendo la armonía y la cooperación.

Es importante destacar que la etiqueta confuciana no es estática; evoluciona con el tiempo y el contexto. Lo que permanece constante es su fundamento ético: el reconocimiento de que cada interacción, por trivial que parezca, tiene el poder de construir o romper relaciones. Este principio universal asegura que, independientemente de las circunstancias, la etiqueta siga siendo una práctica relevante y valiosa.

En última instancia, la etiqueta social en el confucianismo no es un fin en sí mismo, sino un medio para cultivar la virtud y fortalecer la comunidad. Al practicar la cortesía y el respeto en nuestras interacciones diarias, no solo mejoramos nuestras relaciones personales, sino que también contribuimos al bienestar colectivo. Como enseñaba Confucio: "El respeto por los demás es el cimiento de la humanidad." A través de la etiqueta, encontramos una forma tangible de expresar este respeto y de construir un mundo más armonioso y equilibrado.

Capítulo 44
Práctica Moral

En el corazón del confucianismo, la práctica moral se erige como el puente que conecta los principios abstractos con las decisiones y acciones concretas de la vida diaria. No basta con comprender los ideales de virtud y justicia; según Confucio, el verdadero valor de la moralidad reside en su aplicación constante y consciente en cada interacción, cada elección y cada momento.

La práctica moral comienza con el autocultivo, un concepto central en el pensamiento confuciano. Para actuar con rectitud en el mundo exterior, primero se debe trabajar en el interior. Esto implica un proceso continuo de autoevaluación y mejora personal. Confucio enseñaba que un individuo verdaderamente moral es aquel que practica la introspección diaria, preguntándose: "¿He actuado con integridad? ¿He cumplido mis deberes hacia los demás?" Esta disciplina personal no solo fortalece el carácter, sino que también prepara al individuo para enfrentar los desafíos morales del día a día con claridad y determinación.

El concepto de *Ren* desempeña un papel crucial en la práctica moral. Esta idea, traducida a menudo como benevolencia o humanidad, nos insta a actuar con compasión y empatía hacia los demás. La práctica del *Ren* no se limita a grandes gestos altruistas, sino que se manifiesta en pequeños actos cotidianos: ayudar a un vecino, escuchar con atención a un amigo o tratar con respeto a un desconocido. Confucio enseñaba que cada interacción es una oportunidad para practicar el *Ren*, y que incluso los actos más modestos tienen un impacto profundo en la construcción de una sociedad armoniosa.

Junto al *Ren*, el concepto de *Yi* o justicia orienta nuestras decisiones hacia lo correcto y lo equitativo. Practicar el *Yi* significa actuar no por conveniencia o ganancia personal, sino por un sentido innato de lo que es moralmente justo. En la práctica, esto puede implicar tomar decisiones difíciles, como denunciar una injusticia aunque suponga un costo personal, o rechazar una oportunidad que entra en conflicto con los principios éticos. Para Confucio, la justicia no es solo un ideal, sino un compromiso activo que debe guiar nuestras elecciones, especialmente en situaciones de conflicto o dilema moral.

Un ejemplo histórico que ilustra la práctica de *Yi* es la historia de Bao Zheng, un juez de la dinastía Song conocido por su imparcialidad y valentía al enfrentar la corrupción. Bao no dudó en tomar decisiones que protegieran a los más vulnerables, incluso si eso significaba desafiar a figuras de poder. Este tipo de liderazgo moral encarna el espíritu del *Yi*, demostrando que la justicia aplicada de manera íntegra puede transformar no solo vidas individuales, sino también el tejido social.

El papel de los *Li* o ritos también es fundamental en la práctica moral. A través de los ritos, se establecen normas de comportamiento que guían a las personas en sus interacciones con los demás y con el entorno. Pero más allá de su aspecto formal, los *Li* representan un compromiso con la armonía y el respeto. Por ejemplo, en una ceremonia familiar, la atención al protocolo no es solo un acto de cumplimiento externo, sino una expresión de reverencia hacia los lazos que unen a la familia. En este sentido, los *Li* actúan como una herramienta para canalizar la moralidad en actos tangibles y significativos.

La práctica moral confuciana también se refleja en las relaciones humanas fundamentales. Confucio enseñaba que las cinco relaciones básicas —entre gobernante y súbdito, padre e hijo, esposo y esposa, hermanos mayores y menores, y amigos— son la base de la sociedad. Cada una de estas relaciones implica responsabilidades específicas y exige la aplicación constante de principios éticos. Por ejemplo, un gobernante virtuoso debe liderar con justicia y compasión, mientras que los ciudadanos deben responder con respeto y lealtad. Estas dinámicas, cuando se guían por la moralidad, crean un equilibrio que fortalece la cohesión social.

Sin embargo, la práctica moral no está exenta de desafíos. En un mundo complejo y en constante cambio, las decisiones éticas a menudo implican dilemas donde no hay una solución clara. En estos casos, la sabiduría (*Zhi*) se convierte en un aliado indispensable. La sabiduría confuciana no se limita al conocimiento intelectual, sino que incluye la capacidad de aplicar los principios morales de manera flexible y contextual. Por ejemplo, un líder que enfrenta una crisis puede necesitar equilibrar la justicia con la compasión, tomando decisiones que consideren tanto las reglas como las circunstancias particulares.

La práctica moral también tiene una dimensión colectiva. En el confucianismo, se reconoce que los actos individuales de virtud tienen un efecto multiplicador en la sociedad. Cuando una persona actúa con integridad, inspira a otros a hacer lo mismo, creando un círculo virtuoso que eleva a toda la comunidad. Este principio se refleja en la enseñanza de Confucio: "Cuando el gobernante es virtuoso, el pueblo lo sigue como la hierba sigue al viento." De este modo, la práctica moral no es solo un acto individual, sino una contribución al bien común.

En el contexto contemporáneo, la práctica moral confuciana sigue siendo relevante. En un mundo marcado por la globalización, las tensiones culturales y los avances tecnológicos, los principios de *Ren*, *Yi* y *Li* pueden servir como brújula ética. Por ejemplo, en el ámbito empresarial, la práctica del *Ren* puede fomentar una cultura de responsabilidad social, mientras que el *Yi* puede guiar la toma de decisiones justas y equitativas. Del mismo modo, los *Li* pueden adaptarse para establecer protocolos éticos en entornos diversos, como las negociaciones internacionales o las interacciones digitales.

En última instancia, la práctica moral es una expresión viva de los valores confucianos. No es suficiente comprender los principios en teoría; deben ser vividos, adaptados y aplicados constantemente en todas las facetas de la vida. Como enseñaba

Confucio: "Saber lo que es correcto y no hacerlo es falta de coraje." Este recordatorio subraya que la moralidad es, en esencia, una práctica activa, un esfuerzo diario por alinear nuestras acciones con nuestros ideales y contribuir a un mundo más justo y armonioso.

Capítulo 45
Cultivo Espiritual

El cultivo espiritual en el confucianismo no es una búsqueda individualista ni un escape del mundo material, sino un proceso de alineación profunda entre el individuo, la sociedad y el orden universal. Este proceso, esencialmente holístico, integra la reflexión personal, la interacción social y la comprensión de las fuerzas cósmicas.

Para Confucio, la espiritualidad comienza con la introspección. Conocerse a uno mismo no es un acto superficial, sino un compromiso con la verdad interior. Este conocimiento permite a cada persona identificar sus fortalezas y debilidades, cultivando virtudes que no solo benefician al individuo, sino que también se reflejan en sus relaciones y su entorno. En este sentido, el autocultivo espiritual no busca alcanzar un estado trascendental, sino formar un carácter que contribuya a la armonía colectiva.

La conexión con los principios universales, representados por el concepto de *Tian* (Cielo), desempeña un papel central en el cultivo espiritual confuciano. *Tian* no es un dios personal ni una entidad sobrenatural, sino la manifestación de un orden moral supremo que rige el cosmos. El cultivo espiritual implica alinear las propias acciones con este orden, actuando de acuerdo con los principios de justicia (*Yi*), benevolencia (*Ren*) y propiedad ritual (*Li*). Esta alineación no solo guía el comportamiento ético, sino que también proporciona un sentido de propósito y significado más allá de los intereses inmediatos.

Una práctica clave en el cultivo espiritual confuciano es la meditación reflexiva. Aunque Confucio no describió métodos de meditación formalizados, sus enseñanzas enfatizan la importancia de la contemplación diaria. Reflexionar sobre los propios actos, decisiones y pensamientos no es solo un ejercicio intelectual, sino un medio para cultivar la conciencia moral. Esta práctica se realiza a menudo al final del día, en un momento de silencio, donde el individuo revisa sus acciones a la luz de los principios confucianos. Preguntas como "¿He actuado con humanidad?", "¿He sido justo en mis decisiones?" y "¿He contribuido a la armonía de mi comunidad?" guían este proceso introspectivo.

Además de la reflexión, el estudio de los textos clásicos desempeña un papel crucial en el desarrollo espiritual. Obras como los *Analectos*, el *Gran Estudio* y el *Libro de los Ritos* no solo ofrecen enseñanzas éticas y prácticas, sino también una profunda conexión con el legado espiritual de la humanidad. Leer y meditar sobre estos textos no es un simple acto de adquisición de conocimiento, sino una forma de entrar en diálogo con las grandes mentes del pasado, aprendiendo de su sabiduría para enfrentar los desafíos contemporáneos.

El ritual, representado por el concepto de *Li*, también es una herramienta esencial en el cultivo espiritual. A través de los rituales, las personas no solo expresan respeto y gratitud, sino que también establecen una conexión tangible con el orden universal. Por ejemplo, los rituales familiares, como honrar a los antepasados, no son simples actos ceremoniales; representan un reconocimiento de la continuidad entre las generaciones y una afirmación del lugar del individuo dentro de un tejido más amplio. Este sentido de pertenencia refuerza la identidad espiritual y fomenta una perspectiva más amplia de la existencia.

La interacción social es otro componente vital del cultivo espiritual. Para Confucio, la espiritualidad no se logra en aislamiento, sino en relación con los demás. Practicar la benevolencia, la justicia y el respeto en las relaciones humanas no solo fortalece los lazos sociales, sino que también enriquece el espíritu del individuo. En este contexto, el cultivo espiritual incluye la capacidad de escuchar con empatía, actuar con compasión y resolver conflictos con integridad.

Un ejemplo notable de este enfoque relacional es la historia de Yan Hui, el discípulo favorito de Confucio. Yan Hui, a pesar de vivir en la pobreza, mostró un espíritu inquebrantable y una dedicación a la virtud que inspiró a quienes lo rodeaban. Su vida demuestra que el cultivo espiritual no depende de las circunstancias externas, sino de la capacidad de actuar con rectitud y humildad incluso en las situaciones más difíciles.

En el confucianismo, el cultivo espiritual también implica un compromiso con la responsabilidad social. Los individuos espiritualmente cultivados no se limitan a buscar su propio bienestar, sino que trabajan activamente para mejorar su comunidad. Este principio se refleja en la enseñanza de Confucio: "El hombre superior se perfecciona para perfeccionar a los demás." En otras palabras, el progreso espiritual personal debe ir acompañado de un impacto positivo en el mundo.

La espiritualidad confuciana tiene aplicaciones prácticas en el contexto moderno. En un mundo cada vez más conectado pero también más fragmentado, los principios confucianos de introspección, ritual y responsabilidad social pueden ofrecer una guía para enfrentar desafíos globales como la polarización, la crisis ambiental y las desigualdades sociales. Por ejemplo, en el ámbito empresarial, los líderes pueden aplicar los principios de *Ren* y *Yi* para crear culturas organizacionales basadas en la ética y la equidad. En el ámbito comunitario, los rituales colectivos pueden fortalecer los lazos sociales y promover un sentido de unidad.

El cultivo espiritual, según el confucianismo, es un viaje continuo. No tiene un destino final ni un logro definitivo, porque siempre hay espacio para el crecimiento y la mejora. Este enfoque dinámico resuena en la enseñanza de Confucio: "El hombre superior busca la virtud; el hombre inferior busca el confort." Este recordatorio nos insta a elegir constantemente el camino del autocultivo, incluso cuando sea más difícil o menos conveniente.

En conclusión, el cultivo espiritual en el confucianismo no es un objetivo abstracto, sino una práctica viva que conecta al individuo con la sociedad y el cosmos. Al integrar la reflexión, el estudio, los rituales y las relaciones humanas, este enfoque ofrece una forma de vida que combina la profundidad espiritual con la responsabilidad ética. En un mundo lleno de incertidumbre, el cultivo espiritual confuciano nos invita a encontrar propósito y armonía al vivir de acuerdo con los principios eternos de virtud y humanidad.

Capítulo 46
Harmonia Personal

La búsqueda de la armonía personal en el confucianismo no es solo un acto de equilibrio interno, sino un camino hacia la transformación integral del ser humano. Más allá de los límites de la introspección, esta armonía surge como una manifestación del vínculo entre el cuerpo, la mente, el espíritu y el entorno.

La base de la armonía personal radica en la comprensión y práctica de las virtudes confucianas. *Ren* (benevolencia) y *Li* (propriedad ritual) son esenciales para establecer un marco interno que oriente las acciones y pensamientos de la persona. Al cultivar estas virtudes, el individuo no solo refina su carácter, sino que también encuentra una coherencia interna que elimina el conflicto entre sus deseos y sus deberes. Esta coherencia es el primer paso hacia la armonía personal, pues alinea las motivaciones internas con los principios éticos universales.

El autocultivo, un concepto central en el confucianismo, juega un papel primordial en la búsqueda de la armonía personal. Este proceso requiere una evaluación constante de uno mismo, mediante una práctica que Confucio recomendaba con insistencia: la auto-reflexión diaria. "Tres veces al día examino mi conducta", decía el Maestro, sugiriendo que el progreso personal es el resultado de una vigilancia constante sobre los propios pensamientos y acciones. En este sentido, la armonía no es un estado pasivo, sino un logro activo que requiere esfuerzo continuo.

Uno de los métodos más prácticos para alcanzar la armonía personal es a través de la disciplina emocional. El confucianismo enseña que las emociones, si bien son naturales, deben ser reguladas para evitar desequilibrios. No se trata de reprimirlas, sino de comprenderlas y gestionarlas de manera que no perturben la estabilidad interna. Por ejemplo, la ira puede convertirse en un catalizador para la justicia, siempre que esté guiada por *Yi* (rectitud) y no por impulsos egoístas. Del mismo modo, la tristeza, cuando se experimenta con dignidad y respeto hacia los demás, puede profundizar la empatía y fortalecer los lazos humanos.

La armonía personal también se construye a través de la conexión con el entorno. En el pensamiento confuciano, la relación entre el individuo y la naturaleza no es de dominación, sino de coexistencia. *Tian* (Cielo) representa la ordenación natural del universo, y el ser humano es parte integral de esta estructura cósmica. Respetar la naturaleza y vivir en sintonía con sus ritmos no solo promueve la sostenibilidad ambiental, sino que también fortalece la salud mental y espiritual. Un paseo por un bosque, el sonido de un arroyo o el simple acto de contemplar el cielo pueden restaurar el equilibrio interno y recordar al individuo su lugar en el gran esquema del cosmos.

Otro aspecto crucial de la armonía personal es el equilibrio entre el trabajo y el descanso. El confucianismo no aboga por un enfoque extremo hacia ninguna de estas áreas; más bien, resalta la importancia de encontrar un punto medio. Confucio decía: "El hombre superior es sereno, pero no complaciente; es firme, pero no arrogante." Esta serenidad y firmeza son el resultado de una vida bien equilibrada, donde las obligaciones se cumplen sin sacrificar el bienestar personal, y donde el descanso no se convierte en indulgencia.

El papel de las relaciones humanas en la armonía personal no puede ser subestimado. En el confucianismo, la interconexión entre las personas es una realidad ineludible, y las relaciones saludables son esenciales para el bienestar interno. La práctica de *Zhong* (lealtad) y *Shu* (reciprocidad) garantiza que las interacciones con los demás se basen en el respeto mutuo y la consideración. Estas virtudes permiten resolver conflictos, fortalecer los vínculos familiares y sociales, y construir una red de apoyo que fomente la estabilidad emocional y espiritual.

El confucianismo también enseña que la armonía personal es un reflejo de la armonía social. Un individuo que vive en conflicto interno difícilmente puede contribuir al bienestar de su comunidad, y viceversa. Por esta razón, el cultivo de la armonía personal no es un acto egoísta, sino una responsabilidad ética hacia los demás. Confucio afirmaba: "Gobierna tu corazón y gobernarás el mundo." Esto sugiere que la transformación del entorno comienza con la transformación interna.

Ejemplos históricos y literarios en el confucianismo ilustran cómo la armonía personal puede ser una fuerza poderosa para superar la adversidad. Un relato destacado es el de Yu el Grande, un legendario gobernante chino conocido por su autodisciplina y dedicación al bien común. A pesar de enfrentar desafíos personales y naturales, Yu mantuvo un equilibrio interno que le permitió liderar con sabiduría y justicia. Su historia demuestra que la armonía personal, cultivada a través de la virtud y el esfuerzo, puede tener un impacto duradero en la sociedad.

En la vida moderna, los principios confucianos de armonía personal tienen aplicaciones prácticas significativas. En un mundo caracterizado por el estrés, la distracción y la alienación, el enfoque confuciano ofrece una guía para encontrar equilibrio y propósito. La práctica de la atención plena, la meditación reflexiva y el compromiso con valores éticos puede ayudar a las personas a navegar los desafíos contemporáneos con mayor claridad y resiliencia.

Además, la armonía personal tiene implicaciones directas para la salud mental. Estudios recientes han demostrado que los valores como el respeto, la gratitud y la conexión con los demás están asociados con niveles más altos de bienestar psicológico. Estos hallazgos resuenan con las enseñanzas confucianas, que desde hace milenios destacan la importancia de vivir en equilibrio con uno mismo y con el entorno.

La armonía personal no es un destino final, sino un proceso continuo. El confucianismo nos enseña que siempre hay espacio para el crecimiento y la mejora, y que cada día ofrece una nueva oportunidad para realinear nuestras acciones con nuestros valores. Este enfoque dinámico asegura que la búsqueda de la armonía personal siga siendo una fuente constante de aprendizaje y transformación.

Así, la armonía personal en el confucianismo se revela como un ideal alcanzable pero exigente, que requiere esfuerzo, reflexión y compromiso. Al integrar las virtudes, las relaciones y la conexión con el universo, esta armonía no solo eleva al individuo, sino que también contribuye al bienestar colectivo. En un mundo en constante cambio, la sabiduría confuciana nos invita a encontrar estabilidad y propósito a través de una vida de equilibrio y virtud.

Capítulo 47
Disciplina Individual

La disciplina individual, en el marco del confucianismo, trasciende el mero autocontrol. Es una práctica transformadora que abarca no solo la regulación de las acciones externas, sino también la cultivación profunda de la mente y el espíritu.

En las enseñanzas de Confucio, la disciplina individual comienza con la introspección. Confucio dijo: "Cuando veas a un hombre sabio, piensa en igualarlo. Cuando veas a un hombre falto de virtud, examínate a ti mismo." Este enfoque nos recuerda que la disciplina no es una imposición externa, sino una elección consciente de ajustar nuestra conducta y pensamientos a ideales más elevados. La introspección constante permite identificar fallos y fortalezas, trazando un camino claro hacia el mejoramiento personal.

Un aspecto clave de la disciplina en el confucianismo es la práctica de *Li* (rituales). Estos no solo se refieren a ceremonias formales, sino también a las reglas de conducta cotidiana que moldean el carácter. Por ejemplo, mostrar respeto hacia los mayores, hablar con cortesía y cumplir con las responsabilidades familiares son expresiones de *Li* que entrenan al individuo en la consistencia y la autocontención. Al observar estos rituales, la persona aprende a actuar con moderación y propósito, evitando los excesos y las acciones impulsivas.

La disciplina también se refleja en la administración del tiempo. El confucianismo valora el uso prudente de cada momento, entendiendo que el tiempo es un recurso limitado y valioso. Confucio declaraba: "El hombre superior no deja pasar un día sin aprender algo nuevo." Este consejo resalta la importancia de mantener una rutina disciplinada que permita el aprendizaje constante, la reflexión y la acción significativa.

En la tradición confuciana, el autocontrol emocional es otra faceta crucial de la disciplina individual. La capacidad de regular las emociones, especialmente en situaciones desafiantes, es considerada una señal de madurez y virtud. No se trata de reprimir las emociones, sino de canalizarlas de manera que no interfieran con el juicio moral ni con las relaciones humanas. Por ejemplo, transformar la ira en determinación constructiva o la tristeza en compasión refleja una disciplina emocional que fortalece el carácter.

El esfuerzo constante es otro pilar de la disciplina confuciana. Confucio afirmó: "La virtud no permanece sola. Quien la practica tendrá siempre compañía." Esto indica que la práctica disciplinada de las virtudes atrae oportunidades y conexiones positivas. Sin embargo, esta práctica requiere perseverancia. La repetición consciente de buenas acciones y pensamientos virtuosos crea hábitos que se convierten en la base del carácter.

La disciplina individual no solo tiene implicaciones personales, sino que también es fundamental para el orden social. Según el confucianismo, un individuo disciplinado se convierte en un pilar de estabilidad para su familia y comunidad. Al actuar con integridad, respetar las normas y cumplir con sus deberes, el individuo contribuye al bienestar colectivo, promoviendo un entorno de confianza y respeto mutuo.

Ejemplos históricos de disciplina individual en el confucianismo refuerzan su relevancia. Un caso notable es el de Fan Zhongyan, un renombrado estadista y filósofo confuciano de la dinastía Song. Desde joven, Fan mostró una autodisciplina excepcional, dedicándose al estudio y al servicio público con una ética inflexible. Su famosa frase, "Preocúpate por las preocupaciones del mundo antes que nadie, y alégrate después que todos", encapsula el espíritu de sacrificio y compromiso que la disciplina confuciana fomenta.

En la vida cotidiana, la disciplina individual se manifiesta en pequeños actos que reflejan grandes principios. Mantener la palabra dada, cumplir con los horarios, respetar las opiniones ajenas y perseverar en las metas son ejemplos concretos de cómo la disciplina se traduce en acciones. Estos comportamientos no solo benefician al individuo, sino que también inspiran confianza y admiración en los demás.

La disciplina individual, sin embargo, no está exenta de desafíos. Vivimos en un mundo donde las distracciones son constantes y la gratificación instantánea prevalece. En este contexto, la disciplina confuciana ofrece un contrapeso valioso, recordándonos que los logros duraderos requieren esfuerzo y paciencia. La práctica disciplinada de las virtudes nos ayuda a resistir las tentaciones que desvían nuestra atención de lo esencial.

En el ámbito moderno, la disciplina individual tiene aplicaciones significativas. En la educación, por ejemplo, inculcar hábitos disciplinados desde una edad temprana prepara a los estudiantes para enfrentar desafíos académicos y personales con resiliencia. En el trabajo, la disciplina fomenta la productividad y la ética, creando un entorno profesional donde la excelencia y la colaboración prosperan.

La disciplina también juega un papel crucial en la salud mental. La capacidad de establecer rutinas, gestionar el estrés y mantener un enfoque positivo son habilidades que se cultivan a través de la disciplina. Al igual que en el confucianismo, estas prácticas promueven un equilibrio interno que refuerza el bienestar general.

El confucianismo enseña que la disciplina individual no debe ser vista como una carga, sino como un camino hacia la libertad. Al dominar nuestros impulsos y dirigir nuestras acciones hacia el bien, adquirimos una autonomía que nos libera de las cadenas del capricho y la indecisión. Este concepto de libertad a través de la disciplina es uno de los legados más profundos del confucianismo.

En última instancia, la disciplina individual en el confucianismo no es un fin en sí mismo, sino un medio para alcanzar un propósito superior: la virtud. A través de la práctica disciplinada, el individuo no solo se transforma a sí mismo, sino que también influye positivamente en su entorno, dejando un impacto duradero en la sociedad. Así, la disciplina confuciana nos invita a adoptar una vida de coherencia, esfuerzo y propósito, donde cada acción contribuye al florecimiento personal y colectivo.

Capítulo 48
Sabiduría Cotidiana

La sabiduría cotidiana, como la concibe el confucianismo, no es un don reservado a unos pocos, sino una cualidad que puede cultivarse en la vida diaria mediante la reflexión, la experiencia y el compromiso con los valores fundamentales.

Confucio, en sus enseñanzas, enfatizó que la sabiduría no radica únicamente en el conocimiento teórico, sino en la capacidad de discernir lo correcto de lo incorrecto y actuar en consecuencia. Decía: "Saber lo que es correcto y no hacerlo, es falta de coraje." Este principio guía la práctica de la sabiduría cotidiana, que exige no solo comprender los ideales confucianos como *Ren* (benevolencia), *Yi* (justicia) y *Li* (rituales), sino también aplicarlos activamente en el entorno inmediato.

En las interacciones familiares, la sabiduría cotidiana se refleja en la paciencia y el respeto mutuo. Un ejemplo típico es el acto de escuchar atentamente a los mayores, una práctica que fortalece los lazos familiares y honra la tradición confuciana de piedad filial (*Xiao*). Cuando un hijo presta atención sincera a los consejos de sus padres o un hermano mayor guía a los menores con cuidado, estos actos simples encarnan los principios de armonía y respeto que el confucianismo considera esenciales.

En el ámbito social, la sabiduría cotidiana implica responder a los conflictos con moderación y empatía. Confucio enseñó que "el hombre superior busca la armonía, no la uniformidad." Este enfoque promueve el entendimiento y el respeto por las diferencias, fomentando relaciones saludables incluso en contextos desafiantes. Por ejemplo, en una discusión acalorada, el sabio confuciano evita el enfrentamiento directo y, en cambio, busca puntos comunes que conduzcan a una resolución pacífica.

La capacidad de tomar decisiones éticas en las pequeñas acciones diarias también es una manifestación clave de la sabiduría cotidiana. Elegir actuar con integridad, incluso en situaciones aparentemente triviales, fortalece el carácter y refuerza los valores confucianos. Un comerciante que no engaña a sus clientes o un empleado que cumple sus responsabilidades con diligencia ejemplifican cómo la sabiduría cotidiana puede integrarse en la vida profesional.

La educación, según el confucianismo, es un vehículo primordial para el desarrollo de la sabiduría cotidiana. Confucio declaró: "Aprender sin reflexionar es inútil; reflexionar sin aprender es peligroso." Este equilibrio entre estudio y introspección permite a las personas adaptar los principios éticos a circunstancias cambiantes. Por ejemplo, un estudiante que combina el aprendizaje de conceptos teóricos con la aplicación práctica en su comunidad demuestra un entendimiento profundo de cómo el conocimiento puede beneficiar tanto a uno mismo como a los demás.

El confucianismo también reconoce el valor de las pequeñas acciones para generar un impacto positivo a gran escala. Una sonrisa sincera, un gesto de amabilidad o un esfuerzo por ser puntual pueden parecer insignificantes, pero contribuyen significativamente a la creación de un entorno armonioso. Confucio afirmó: "No importa lo lento que vayas, siempre y cuando no te detengas." Este consejo subraya que incluso los progresos modestos en la práctica de la sabiduría cotidiana son valiosos.

La sabiduría cotidiana también se manifiesta en la relación con el entorno natural. El confucianismo enseña que vivir en armonía con la naturaleza es un reflejo de la virtud interna. Esto se traduce en prácticas como evitar el desperdicio, respetar los recursos naturales y promover la sostenibilidad en las actividades diarias. En este sentido, la sabiduría cotidiana conecta al individuo con el cosmos, recordándole su responsabilidad de mantener el equilibrio universal.

La vida de Confucio está llena de ejemplos que ilustran la sabiduría cotidiana. En una ocasión, cuando un discípulo le preguntó sobre cómo actuar frente a la adversidad, Confucio respondió: "El hombre superior es pacífico y tranquilo, mientras el hombre inferior siempre está preocupado." Este consejo, aunque aparentemente sencillo, revela una profunda verdad: enfrentar los desafíos con calma y claridad es una forma de sabiduría que puede cultivarse día a día.

En el mundo moderno, la sabiduría cotidiana sigue siendo relevante. En un entorno caracterizado por la rapidez y la complejidad, los principios confucianos ofrecen un marco claro para tomar decisiones éticas y mantener la estabilidad emocional. Por ejemplo, en el ámbito laboral, la sabiduría cotidiana puede ayudar a manejar el estrés mediante la priorización de tareas y la colaboración respetuosa con los colegas.

La tecnología, aunque a menudo percibida como un desafío para los valores tradicionales, también puede ser un aliado en la práctica de la sabiduría cotidiana. El uso consciente de las redes sociales para difundir mensajes positivos o el aprendizaje en línea de habilidades útiles son ejemplos de cómo los principios confucianos pueden integrarse en la vida digital. Sin embargo, el confucianismo advierte contra los excesos, recordándonos la importancia de equilibrar el uso de la tecnología con el tiempo dedicado a la reflexión y las relaciones humanas.

Otro aspecto importante de la sabiduría cotidiana es la capacidad de aprender de los errores. Confucio dijo: "El hombre que comete un error y no lo corrige, está cometiendo otro error." Este enfoque no solo fomenta la humildad, sino también la disposición constante a mejorar. Por ejemplo, un líder que reconoce sus fallos y toma medidas para rectificarlos demuestra sabiduría al usar sus experiencias como una oportunidad de crecimiento.

La práctica de la sabiduría cotidiana también implica encontrar significado en lo ordinario. Según el confucianismo, cada tarea, por más simple que parezca, tiene un propósito y un valor. Un agricultor que cultiva su tierra con esmero, un maestro que enseña con pasión o un padre que dedica tiempo a sus hijos están demostrando sabiduría al cumplir con sus responsabilidades de manera virtuosa.

El confucianismo nos recuerda que la sabiduría cotidiana no es una meta distante, sino un proceso continuo de alineación entre pensamiento, palabra y acción. Este enfoque no solo beneficia al individuo, sino que también fortalece la red social, promoviendo un entorno donde la justicia, la bondad y la armonía prevalecen.

En conclusión, la sabiduría cotidiana es el corazón práctico del confucianismo. Es la expresión tangible de sus principios en la vida diaria, guiando a las personas hacia una existencia significativa y virtuosa. En cada decisión, grande o pequeña, se encuentra la oportunidad de encarnar los ideales confucianos, transformando lo ordinario en extraordinario y contribuyendo al bienestar de la humanidad y del cosmos.

Capítulo 49
Influencia Global

El confucianismo, nacido en las fértiles tierras de la antigua China, trasciende fronteras y épocas, estableciéndose como una filosofía que resuena en diversos contextos culturales y políticos. A lo largo de los siglos, sus enseñanzas se han extendido más allá de su lugar de origen, encontrando ecos en naciones vecinas como Japón, Corea y Vietnam, y, eventualmente, llegando al mundo occidental.

La expansión del confucianismo más allá de China no fue un proceso accidental, sino un reflejo de su universalidad. En Japón, por ejemplo, las ideas confucianas se entrelazaron con las prácticas locales, influyendo profundamente en la ética samurái durante el período Edo. Los principios de lealtad (*chū*) y piedad filial (*kō*), centrales en el confucianismo, se integraron al código de conducta del *bushido*, marcando un estándar moral para los guerreros y fortaleciendo la estructura jerárquica de la sociedad japonesa.

En Corea, el confucianismo desempeñó un papel esencial en la formación de la identidad cultural y política del reino de Joseon, que lo adoptó como ideología estatal. La dinastía Joseon estableció un sistema de exámenes basado en los textos confucianos para seleccionar a los funcionarios públicos, una práctica que aseguraba que el gobierno estuviera liderado por personas de virtud y conocimiento. Además, el confucianismo reforzó los valores familiares y comunitarios en Corea, donde conceptos como la armonía y el respeto mutuo siguen siendo pilares de la cultura contemporánea.

Vietnam también se vio profundamente influenciado por el confucianismo, especialmente durante el período en que fue parte del sistema tributario chino. Las enseñanzas confucianas ayudaron a estructurar las instituciones educativas y gubernamentales, promoviendo la meritocracia y el autocultivo como ideales sociales. Aunque Vietnam desarrolló una identidad cultural distintiva, los principios confucianos continuaron sirviendo como un marco ético y político.

Más allá de Asia, la recepción del confucianismo en el mundo occidental ofrece una perspectiva fascinante sobre su impacto global. Durante el siglo XVII, los misioneros jesuitas, como Matteo Ricci, introdujeron las ideas confucianas en Europa, presentándolas como una filosofía ética que podía dialogar con el cristianismo. Filósofos ilustrados como Voltaire elogiaron los principios confucianos por su enfoque racional y humanista, considerándolos un modelo de virtud y buen gobierno. Esta admiración contribuyó a forjar una visión más amplia y positiva de la cultura china en Occidente.

Sin embargo, la influencia del confucianismo no se limita a los contextos históricos. En el mundo contemporáneo, sus principios siguen resonando en diversas esferas. En el ámbito empresarial, los valores confucianos como la honestidad, la responsabilidad y la confianza son adoptados como guías éticas para fomentar relaciones sólidas y sostenibles. Por ejemplo, muchas corporaciones en Asia oriental basan sus prácticas gerenciales en la filosofía confuciana, priorizando el bienestar colectivo sobre los intereses individuales.

El impacto del confucianismo en la educación global es otro testimonio de su relevancia continua. Los Institutos Confucio, establecidos en numerosos países, no solo promueven el aprendizaje del idioma chino, sino que también difunden los valores confucianos como la armonía y el respeto mutuo. Estas instituciones actúan como puentes culturales, fomentando el entendimiento y la cooperación entre Oriente y Occidente.

En el ámbito político, los principios confucianos ofrecen una perspectiva única sobre la gobernanza ética y la responsabilidad social. En un mundo marcado por conflictos y desigualdades, ideas como el liderazgo virtuoso y la búsqueda del bien común pueden inspirar soluciones más humanas y equilibradas. La práctica de seleccionar líderes basándose en su mérito y virtud, tan central en el confucianismo, contrasta con las tendencias contemporáneas hacia el populismo y la corrupción, ofreciendo un modelo alternativo que prioriza la integridad y el servicio público.

Además de su influencia directa, el confucianismo ha inspirado diálogos interculturales que enriquecen las tradiciones filosóficas y religiosas del mundo. Su interacción con el budismo y el taoísmo en Asia generó un sincretismo único, mientras que su encuentro con las ideologías occidentales abrió nuevas posibilidades para la filosofía comparada. Por ejemplo, los estudiosos han explorado paralelismos entre el confucianismo y las teorías éticas de Aristóteles, destacando cómo ambas tradiciones enfatizan la virtud como base de la vida buena.

En África, América Latina y otras regiones, el confucianismo comienza a ganar reconocimiento como una fuente de sabiduría ética aplicable a los desafíos contemporáneos. Conceptos como *Ren* (benevolencia) y *Li* (rituales) han sido adoptados por movimientos que buscan promover la justicia social y la sostenibilidad ambiental, demostrando que los principios confucianos pueden adaptarse a contextos diversos sin perder su esencia.

Sin embargo, la influencia global del confucianismo no está exenta de desafíos. En algunos contextos, se le ha criticado por perpetuar estructuras jerárquicas rígidas o por su percepción como una filosofía arcaica. No obstante, estas críticas han llevado a una reinterpretación creativa del confucianismo, resaltando su flexibilidad y capacidad para evolucionar. En Corea del Sur, por ejemplo, el movimiento del "neoconfucianismo" busca reconciliar los valores tradicionales con las demandas de la modernidad, demostrando que el confucianismo puede ser una fuerza dinámica en lugar de estática.

El legado global del confucianismo también nos invita a reflexionar sobre lo que significa vivir éticamente en un mundo interconectado. Sus enseñanzas sobre la importancia de las relaciones humanas, el autocultivo y la armonía nos recuerdan que el bienestar individual está intrínsecamente ligado al bienestar colectivo. En una era marcada por el cambio climático, las crisis económicas y los conflictos políticos, los principios confucianos ofrecen una guía para construir un futuro más justo y sostenible.

En conclusión, la influencia global del confucianismo es un testimonio de su profundidad y universalidad. Desde las cortes imperiales de Asia hasta las universidades europeas y los movimientos sociales contemporáneos, sus principios han encontrado un hogar en las aspiraciones humanas por la virtud, la sabiduría y la armonía. A medida que enfrentamos los desafíos del siglo XXI, el confucianismo sigue siendo una fuente inagotable de inspiración, recordándonos que, aunque nuestras culturas y contextos puedan variar, los valores fundamentales que nos unen son eternos.

Capítulo 50
Modernidad Confucianista

La modernidad plantea retos complejos y multifacéticos: desigualdades sociales cada vez más pronunciadas, corrupción política extendida, tensiones medioambientales que amenazan la existencia humana, y una desconexión creciente entre individuos en un mundo hipertecnológico. En este contexto, el confucianismo emerge no solo como un vestigio del pasado, sino como una guía ética, práctica y profundamente relevante para abordar estos desafíos contemporáneos.

Lejos de ser una filosofía confinada a la tradición, el confucianismo tiene la capacidad de adaptarse, renovarse y contribuir activamente a las dinámicas del siglo XXI. En el corazón de esta modernidad confucianista se encuentran principios fundamentales como *Ren* (benevolencia), *Yi* (justicia), y *Li* (ritual), que, reinterpretados, ofrecen soluciones sostenibles y humanas en un mundo caracterizado por su fragmentación.

En las esferas sociales, los valores confucianistas de armonía y responsabilidad colectiva proporcionan una base sólida para combatir la desigualdad. Mientras que las sociedades modernas tienden a priorizar el individualismo, el confucianismo enfatiza la importancia de la comunidad y la interdependencia. En países como China, Japón y Corea del Sur, las políticas de bienestar que integran principios confucianistas buscan equilibrar el crecimiento económico con el cuidado de los sectores más vulnerables de la población. Por ejemplo, los programas de educación gratuita y apoyo a la tercera edad reflejan una versión moderna del concepto de piedad filial (*Xiao*), donde el respeto y cuidado hacia los mayores se institucionaliza como una responsabilidad social compartida.

El campo político es quizás donde el confucianismo enfrenta sus mayores desafíos, pero también donde muestra su potencial transformador. En un momento en que los sistemas democráticos y autoritarios están siendo cuestionados por su falta de ética y eficacia, los ideales confucianistas de gobernanza virtuosa y meritocracia ofrecen una alternativa atractiva. Imaginemos un sistema en el que los líderes no sean elegidos solo por su popularidad o riqueza, sino por su carácter moral, su capacidad para actuar con integridad y su compromiso con el bienestar común. Este ideal, aunque utópico, inspira a muchos movimientos en Asia y más allá, a replantear las formas de liderazgo y administración pública.

En China, el renacimiento del confucianismo ha influido en las políticas gubernamentales, especialmente en áreas como la educación y el medio ambiente. Aunque algunos critican la instrumentalización del confucianismo como una herramienta política, no se puede negar que principios como la búsqueda de la armonía (*He*) y el énfasis en la responsabilidad colectiva están siendo utilizados para abordar problemas contemporáneos. Un ejemplo notable es la promoción de valores ecológicos basados en la idea de vivir en equilibrio con el *Tian* (Cielo) y la naturaleza, reinterpretando los conceptos confucianos para enfrentar la crisis climática global.

En el ámbito empresarial, la ética confucianista ha encontrado un terreno fértil en la gestión corporativa moderna. Empresas en Corea del Sur, Taiwán y Japón han adoptado prácticas basadas en principios confucianos como la confianza (*Xin*) y la justicia (*Yi*), creando culturas organizacionales donde el respeto mutuo y el bienestar de los empleados son prioridades. Este enfoque no solo fomenta un ambiente de trabajo más saludable, sino que también refuerza la lealtad y la productividad, demostrando que la ética y el éxito económico no son mutuamente excluyentes.

La educación, uno de los pilares más destacados del confucianismo, sigue siendo un medio poderoso para transformar sociedades. Los valores confucianos, que promueven el aprendizaje constante (*Xue*) y el autocultivo, están siendo incorporados en currículos escolares alrededor del mundo. En Asia, el énfasis en la excelencia académica y el respeto hacia los maestros refleja una continuidad de la tradición confucianista, mientras que en Occidente, instituciones educativas han comenzado a integrar conceptos como la ética del cuidado y la responsabilidad comunitaria, influenciados indirectamente por el confucianismo.

Además, el confucianismo ofrece una perspectiva única sobre la sostenibilidad medioambiental, un tema crítico en la modernidad. La relación entre el ser humano y el cosmos, central en las enseñanzas de Confucio, nos recuerda la necesidad de vivir en armonía con nuestro entorno natural. En lugar de dominar la naturaleza, el confucianismo nos invita a respetarla y a actuar como sus guardianes. Este enfoque ha sido adoptado por movimientos ecológicos en Asia, que ven en el confucianismo una fuente de inspiración para promover estilos de vida más sostenibles y políticas ambientales responsables.

Sin embargo, no todo es adaptación. La modernidad confucianista también enfrenta críticas y tensiones. Algunos argumentan que los valores confucianos, como la jerarquía y la deferencia a la autoridad, son incompatibles con los ideales democráticos y las luchas por la igualdad de género. Estas tensiones han llevado a debates profundos sobre cómo reinterpretar el confucianismo sin sacrificar su esencia. En Corea del Sur, por ejemplo, movimientos feministas han cuestionado las tradiciones confucianistas que perpetúan roles de género rígidos, proponiendo una reinterpretación que enfatice la igualdad y el respeto mutuo.

A pesar de estas críticas, el confucianismo moderno no busca imponer una visión única, sino abrir espacios de diálogo y reflexión. Su fuerza radica en su capacidad para evolucionar, absorbiendo nuevas ideas mientras mantiene sus principios centrales. En este sentido, el confucianismo puede actuar como un puente entre la tradición y la innovación, entre Oriente y Occidente, ofreciendo una base ética que trasciende barreras culturales y temporales.

El renacimiento del confucianismo también se ha visto impulsado por las tecnologías modernas. Plataformas digitales como redes sociales y aplicaciones educativas han permitido que las enseñanzas confucianas lleguen a nuevas generaciones de manera accesible y atractiva. Los textos clásicos ahora están disponibles en formatos interactivos, y las conferencias sobre ética confuciana atraen a miles de personas interesadas en encontrar respuestas a los dilemas del mundo actual.

En última instancia, la modernidad confucianista no se trata de volver al pasado, sino de construir un futuro basado en valores atemporales. En un mundo donde las divisiones parecen crecer, el confucianismo nos recuerda que la verdadera fuerza radica en la cooperación, la empatía y la búsqueda de la armonía. Como dijo Confucio: "El hombre superior busca la armonía, pero no la uniformidad". Este principio, interpretado en un contexto moderno, nos invita a celebrar nuestra diversidad mientras trabajamos juntos por un bien común.

Así, el confucianismo, con sus raíces profundas y su adaptabilidad inherente, continúa iluminando el camino hacia una modernidad más ética, equilibrada y humana. A medida que enfrentamos los retos del presente, esta antigua filosofía nos muestra que las soluciones no siempre requieren nuevas ideas, sino una nueva forma de ver y aplicar las antiguas verdades.

Capítulo 51
Diálogo Cultural

La interacción entre tradiciones filosóficas y religiosas ha sido, a lo largo de la historia, un terreno fértil para el intercambio de ideas, el cuestionamiento mutuo y, en ocasiones, el conflicto. En el centro de este diálogo se encuentra el confucianismo, una tradición que, aunque profundamente arraigada en la cultura china, ha extendido sus principios más allá de sus fronteras. El confucianismo no solo ha sobrevivido a siglos de transformación cultural, sino que ha logrado adaptarse, enriquecer otras tradiciones y ser enriquecido por ellas.

En el Este de Asia, el confucianismo fue un pilar central en la formación de culturas nacionales, como las de Japón, Corea y Vietnam. Cada una de estas culturas adoptó, reinterpretó y adaptó los principios confucianos según sus propias necesidades históricas y sociales. En Japón, el *Bushido* —el código ético de los samuráis— integró elementos confucianos, especialmente el énfasis en la lealtad, la justicia y la autodisciplina. En Corea, la dinastía Joseon estableció un estado profundamente influenciado por el confucianismo, donde la educación y la ética se consideraban esenciales para el progreso social. Vietnam, bajo la influencia del confucianismo chino, adoptó un sistema meritocrático en su burocracia, reflejando el ideal confuciano de gobernar basado en el mérito y la virtud.

Estas adaptaciones no fueron unidireccionales. En cada región, las tradiciones locales interactuaron con el confucianismo, generando una síntesis única. En Japón, el Shinto y el confucianismo cohabitaron, influyendo mutuamente en los rituales y las prácticas sociales. En Corea, el confucianismo dialogó con el budismo, dando lugar a un sincretismo que enfatizaba tanto la espiritualidad como la ética cívica.

El encuentro del confucianismo con las tradiciones occidentales marcó una etapa nueva y compleja en este diálogo cultural. Durante el período de contacto colonial y misional, pensadores occidentales encontraron en el confucianismo una visión del mundo que desafiaba sus propios paradigmas. Los misioneros jesuitas, como Matteo Ricci, que vivieron en China durante el siglo XVI, vieron en el confucianismo un sistema ético compatible con el cristianismo. Ricci tradujo textos confucianos al latín, facilitando que los filósofos europeos del Renacimiento accedieran a estas ideas. Para algunos, el confucianismo ofrecía un ejemplo de cómo la moralidad podía ser cultivada sin la mediación directa de la religión, lo que influyó en el pensamiento ilustrado en Europa.

En el ámbito contemporáneo, el confucianismo sigue desempeñando un papel crucial en el diálogo intercultural. Su enfoque en la armonía (*He*) y la relación entre el individuo y la comunidad ha sido adoptado por movimientos que buscan resolver tensiones globales, desde conflictos políticos hasta crisis medioambientales. Las Naciones Unidas, en su esfuerzo por promover el entendimiento intercultural, han incluido principios confucianos en sus iniciativas, especialmente en temas como el desarrollo sostenible y la resolución de conflictos.

Un ejemplo de esta interacción moderna es el diálogo entre el confucianismo y el humanismo occidental. Ambos comparten un enfoque en la dignidad humana y la importancia de la ética, aunque difieren en sus fundamentos metafísicos. El confucianismo, con su énfasis en las relaciones sociales y la armonía cósmica, complementa el enfoque más individualista del humanismo occidental, ofreciendo un modelo alternativo para entender los derechos y responsabilidades en un contexto globalizado.

En el ámbito religioso, el confucianismo ha encontrado puntos de convergencia con tradiciones como el cristianismo, el islam y el budismo. En el cristianismo, la noción confuciana de

Ren (benevolencia) resuena con el mandato de amar al prójimo, mientras que el énfasis en la piedad filial conecta con los valores familiares en ambas tradiciones. En el islam, el concepto de justicia (*Yi*) y la importancia de una comunidad ética encuentran paralelismos en los principios de la *ummah* (la comunidad musulmana).

El budismo, aunque a veces percibido como opuesto al confucianismo por su énfasis en la renuncia al mundo, ha coexistido y colaborado con esta tradición durante siglos. En China, la combinación de valores confucianos y prácticas budistas dio lugar al neoconfucianismo, una corriente que sintetizó la moralidad social del confucianismo con la introspección espiritual del budismo. Este neoconfucianismo se convirtió en una fuerza dominante en la filosofía asiática durante más de mil años, demostrando que las tradiciones aparentemente divergentes pueden enriquecerse mutuamente.

A nivel práctico, el confucianismo también ha influido en movimientos globales por la paz y la justicia social. Organizaciones no gubernamentales en Asia y otros continentes han utilizado principios confucianos para promover el entendimiento intercultural y resolver tensiones comunitarias. Por ejemplo, programas educativos en comunidades multiculturales han integrado enseñanzas confucianas para enfatizar la importancia del respeto mutuo y la cooperación.

Sin embargo, este diálogo no está exento de desafíos. Algunos críticos argumentan que ciertos aspectos del confucianismo, como su énfasis en la jerarquía y el respeto a la autoridad, pueden entrar en conflicto con los ideales democráticos y los derechos humanos. Estas tensiones han generado debates profundos sobre cómo reinterpretar el confucianismo en un contexto global, sin sacrificar sus principios fundamentales.

A pesar de estos desafíos, el confucianismo sigue demostrando su relevancia como una tradición filosófica y ética que trasciende las fronteras culturales. Su capacidad para adaptarse, dialogar y evolucionar lo convierte en una herramienta valiosa para enfrentar las complejidades de un mundo interconectado. Al promover el entendimiento mutuo y la cooperación, el confucianismo no solo honra su legado, sino que también construye un puente hacia un futuro más armonioso.

Así, el confucianismo continúa desempeñando su papel como un interlocutor esencial en el diálogo cultural global, recordándonos que, en medio de nuestras diferencias, compartimos una búsqueda común por la sabiduría, la justicia y la humanidad.

Capítulo 52
Desafíos Contemporáneos

En un mundo caracterizado por la urbanización acelerada, la globalización económica y el avance del individualismo, las ideas confucianas enfrentan un desafío crítico: mantenerse relevantes mientras responden a las demandas de una sociedad en constante transformación.

En primer lugar, la urbanización masiva, un fenómeno global, ha desarraigado comunidades tradicionales, debilitando las estructuras familiares que son el núcleo del pensamiento confuciano. La vida en ciudades densamente pobladas, donde el ritmo acelerado y la alienación social predominan, dificulta la práctica de valores como la *piedad filial* (*Xiao*) y la construcción de relaciones armoniosas. En este contexto, los principios confucianos pueden parecer anticuados o imposibles de implementar. Sin embargo, algunos movimientos contemporáneos han intentado rescatar estos valores adaptándolos a entornos urbanos. Por ejemplo, la creación de comunidades vecinales que fomentan la interacción entre generaciones y el apoyo mutuo refleja el espíritu del *Xiao* en un formato moderno.

El individualismo, promovido por las culturas consumistas y digitales, también desafía la visión confuciana de una sociedad interdependiente basada en el equilibrio de roles y responsabilidades. El concepto de "yo primero", central en muchas sociedades actuales, entra en conflicto directo con la idea confuciana de subordinación del interés personal al bienestar colectivo. No obstante, el confucianismo puede ofrecer una alternativa a este modelo al enfatizar la idea de que el desarrollo personal no es un fin en sí mismo, sino un medio para contribuir al bien común. Iniciativas educativas que promueven la ética del servicio comunitario y la responsabilidad social, inspiradas en el confucianismo, están ganando terreno como una respuesta a este desafío.

En el ámbito político, el confucianismo enfrenta críticas por su asociación histórica con sistemas jerárquicos que priorizan la estabilidad sobre la equidad. En un mundo que clama por la democracia, los derechos humanos y la justicia social, algunos aspectos de esta filosofía parecen estar en tensión con las expectativas modernas. Sin embargo, reinterpretaciones contemporáneas del confucianismo han resaltado su potencial como una guía ética para los líderes, promoviendo la idea de que el poder político debe ejercerse con virtud (*Dé*) y en beneficio del pueblo. Este enfoque no contradice la democracia; al contrario, ofrece una perspectiva ética que puede enriquecerla.

Otro desafío significativo es la crisis ambiental, una problemática global que exige un cambio en la relación entre los humanos y la naturaleza. Aunque el confucianismo no aborda explícitamente la ecología, su énfasis en la armonía (*He*) y el respeto por las leyes naturales (*Tian*) puede contribuir a la construcción de una ética ambiental. En las últimas décadas, pensadores confucianos han abogado por una visión ecológica basada en la idea de que los humanos son parte integral del cosmos y tienen la responsabilidad de preservar su equilibrio. Esta perspectiva ha inspirado movimientos ecológicos en Asia que combinan prácticas tradicionales con soluciones modernas para problemas como el cambio climático y la pérdida de biodiversidad.

La globalización, por otro lado, ha abierto nuevas oportunidades para el confucianismo, pero también ha planteado preguntas sobre su relevancia fuera de Asia. En un mundo interconectado, donde las culturas, las ideologías y los sistemas de valores se entrelazan, el confucianismo se enfrenta a la tarea de encontrar un lugar en este diálogo global. Por un lado, sus principios éticos universales, como el respeto, la justicia y la armonía, resuenan con valores presentes en muchas tradiciones culturales. Por otro lado, sus raíces profundamente asiáticas pueden dificultar su aceptación en contextos donde se privilegian otras formas de pensamiento. Sin embargo, iniciativas educativas y filosóficas que introducen el confucianismo como parte de una ética global han demostrado su potencial para trascender fronteras.

En el ámbito de la tecnología, el confucianismo también enfrenta desafíos y oportunidades. La digitalización ha transformado las relaciones humanas, reduciéndolas a menudo a interacciones virtuales que carecen de profundidad emocional. En este contexto, el énfasis confuciano en las relaciones significativas y el respeto mutuo podría ofrecer una corrección necesaria, recordando a las personas la importancia de la conexión humana auténtica. Además, el confucianismo podría desempeñar un papel en debates éticos sobre el uso de la inteligencia artificial, la privacidad y la automatización, proporcionando un marco para evaluar el impacto social y moral de estas tecnologías.

A pesar de estas tensiones, el confucianismo ha demostrado una notable capacidad de adaptación a lo largo de la historia. En el pasado, sobrevivió a la influencia del budismo, las críticas del legalismo y las transformaciones de la modernización. Hoy, sigue siendo relevante gracias a su enfoque en valores fundamentales que trascienden el tiempo y el espacio. La clave de su supervivencia radica en su flexibilidad para reinterpretar sus principios sin perder su esencia.

Por ejemplo, en países como China y Corea del Sur, el confucianismo ha experimentado un renacimiento como una fuente de identidad cultural y moral en medio de la globalización. Programas escolares que reintroducen textos clásicos y ceremonias tradicionales están fomentando un sentido renovado de conexión con esta herencia. Al mismo tiempo, académicos y líderes sociales están explorando cómo los principios confucianos pueden aplicarse a problemas contemporáneos, desde la desigualdad económica hasta la diplomacia internacional.

En última instancia, los desafíos contemporáneos que enfrenta el confucianismo no deben verse como obstáculos insuperables, sino como oportunidades para revitalizar esta tradición y adaptarla a un mundo en constante cambio. Su énfasis en la virtud, la armonía y las relaciones humanas lo convierte en una guía ética invaluable para navegar las complejidades del presente.

Capítulo 53
Legado Eterno

La historia del confucianismo, tan rica en matices como en lecciones, ha dejado una impronta indeleble en las civilizaciones de Asia Oriental y, más recientemente, en el mundo entero. Pero lo que distingue al confucianismo no es solo su longevidad, sino su capacidad para adaptarse, persistir y resonar a través de los siglos.

Desde sus humildes comienzos en el período de los Estados Combatientes hasta su consagración como la columna vertebral moral de las dinastías chinas, el confucianismo ha servido como un faro de estabilidad en épocas de caos y cambio. Durante más de dos mil años, sus enseñanzas han moldeado gobiernos, educado generaciones y construido los cimientos de sociedades armoniosas. Sin embargo, el legado del confucianismo no radica únicamente en las estructuras que ayudó a construir, sino en las ideas que todavía inspiran a millones de personas en un mundo marcado por la incertidumbre y la fragmentación.

El impacto filosófico del confucianismo ha trascendido su lugar de origen. En países como Corea, Japón y Vietnam, los principios confucianos se entrelazaron con las tradiciones locales, dando lugar a nuevas interpretaciones y aplicaciones. En Corea, por ejemplo, el *Xiao* (piedad filial) se convirtió en la base de una cultura familiar profundamente arraigada, mientras que en Japón, los conceptos de *Ren* (humanidad) y *Li* (ritual) influyeron en el código samurái y en las prácticas de etiqueta social. Incluso en el contexto occidental, donde el confucianismo inicialmente fue visto como una curiosidad académica, sus ideas sobre la ética, la gobernanza y la armonía social han encontrado eco en debates contemporáneos sobre liderazgo y sostenibilidad.

El renacimiento confuciano en las últimas décadas destaca su relevancia continua. En China, por ejemplo, el gobierno ha redescubierto el valor de las enseñanzas de Confucio como una fuente de identidad cultural y cohesión social. La promoción de valores confucianos como la armonía, el respeto mutuo y la responsabilidad colectiva ha revitalizado el interés por los textos clásicos, así como la práctica de ceremonias tradicionales. Aunque este renacimiento ha sido criticado por algunos como un instrumento político, también ha despertado un genuino aprecio por las raíces filosóficas que sustentan la identidad china.

En un nivel más personal, el confucianismo continúa ofreciendo una brújula moral en un mundo donde las certezas parecen desvanecerse. Su énfasis en el autocultivo, la reflexión constante y la búsqueda de la virtud proporciona herramientas prácticas para enfrentar los desafíos cotidianos. Las enseñanzas de Confucio sobre la importancia de liderar con el ejemplo, actuar con integridad y priorizar el bienestar colectivo resuenan hoy tanto como lo hicieron en su tiempo.

El legado del confucianismo no solo se encuentra en los libros, los rituales o las estructuras sociales que inspiró, sino también en las vidas que transformó. Líderes, filósofos y ciudadanos comunes han encontrado en esta filosofía una guía para vivir con propósito y dignidad. Desde emperadores que gobernaron con un sentido de justicia inspirado en *Yi* (rectitud), hasta maestros que inculcaron en sus estudiantes el amor por el conocimiento y la virtud, el confucianismo ha sido una fuerza modeladora de individuos y comunidades.

Más allá de su impacto histórico y cultural, el confucianismo nos invita a reconsiderar cómo nos relacionamos con nosotros mismos, con los demás y con el mundo. En una era marcada por el materialismo, la competencia y la fragmentación social, la visión confuciana de una vida armoniosa basada en el respeto mutuo y la responsabilidad compartida ofrece un camino alternativo. Nos desafía a buscar un equilibrio entre nuestras ambiciones personales y nuestras obligaciones sociales, recordándonos que el verdadero éxito no se mide por lo que poseemos, sino por lo que contribuimos al bienestar común.

Sin embargo, el legado eterno del confucianismo no debe interpretarse como una fórmula rígida que dicta cómo debemos vivir, sino como un marco flexible que nos invita a reflexionar y adaptarnos. La capacidad del confucianismo para evolucionar y responder a diferentes contextos históricos es un testimonio de su relevancia perdurable. Este enfoque dinámico asegura que, aunque las circunstancias cambien, los principios fundamentales del confucianismo seguirán siendo una fuente de inspiración.

Al cerrar este viaje por las profundidades del pensamiento confuciano, surge una pregunta: ¿qué lecciones podemos aplicar hoy para construir un futuro más ético y equilibrado? La respuesta radica en el corazón mismo del confucianismo: la convicción de que el cambio comienza con el individuo. Como dijo Confucio, "el gobierno de un estado grande es como cocinar un pescado pequeño: no se debe hacer con rudeza". Este proverbio, aparentemente simple, encierra una profunda sabiduría: los grandes cambios requieren cuidado, paciencia y una comprensión matizada de las relaciones humanas.

El legado eterno del confucianismo no es solo un conjunto de enseñanzas pasadas, sino una invitación a vivir de acuerdo con principios que trascienden el tiempo. En un mundo donde las divisiones parecen insalvables y los problemas globales exigen soluciones urgentes, el confucianismo nos recuerda que la armonía comienza en el interior de cada persona. Al practicar la virtud, buscar la justicia, respetar a los demás y honrar nuestras responsabilidades, no solo continuamos el legado de Confucio, sino que también contribuimos a la creación de un mundo más justo y equilibrado.

Así, el confucianismo permanece, no como un eco distante de una época pasada, sino como una fuente viva de sabiduría que ilumina nuestro camino hacia el futuro. Este legado eterno nos invita a reflexionar, actuar y transformar, recordándonos que, en última instancia, la verdadera grandeza reside en la búsqueda constante de la humanidad, la virtud y la armonía.

Epílogo

Al concluir este viaje a través de los "Rituales de la Unidad", se revela una comprensión profunda: la armonía no es un estado estático, sino una danza delicada entre tradición y transformación, individuo y colectivo, humano y cósmico. Este libro no buscó solo presentar una filosofía o relatar la historia de un período tumultuoso; te guió hacia un reencuentro contigo mismo, con la esencia que conecta lo íntimo con lo universal.

Las lecciones del confucianismo resuenan en cada gesto, cada elección, cada relación que da forma a la vida. *Ren*, la humanidad, nos recuerda que la verdadera fuerza reside en la compasión. *Yi*, la justicia, nos desafía a actuar con rectitud, incluso cuando ello requiere sacrificios. *Li*, los rituales, nos enseñan que la repetición sincera de acciones virtuosas puede transformar el caos en orden, tanto dentro de nosotros como en el mundo que nos rodea.

Al cerrar este libro, no concluyes una lectura; inicias un nuevo capítulo de tu existencia. ¿Qué aspectos de tu vida claman por un mayor alineamiento con la virtud? ¿Qué interacciones pueden elevarse mediante una práctica más consciente de la humanidad? Estas preguntas no tienen respuestas definitivas, pero son puertas hacia reflexiones que continuarán guiándote mucho más allá de este momento.

La obra que ahora se cierra es una invitación a la continuidad. Cada página leída no es solo un recuerdo; es una semilla plantada. Las enseñanzas de Confucio y de los sabios que lo siguieron no son monumentos inamovibles, sino ríos que fluyen, adaptándose al terreno de cada época y de cada lector. Permite que estas aguas transformen tu terreno interior, fertilizando nuevas ideas, acciones y conexiones.

Entraste en este libro en busca de conocimiento. Ahora sales con algo más valioso: la posibilidad de integrar esta sabiduría en tu vida, moldeando no solo tus decisiones, sino también el mundo a tu alrededor. El aprendizaje aquí no termina; reverbera, expandiéndose en círculos que tocan el infinito. Que camines con valentía y claridad, recordando siempre que la armonía no es un destino, sino el camino.

www.ingramcontent.com/pod-product-compliance
Lightning Source LLC
LaVergne TN
LVHW041929070526
838199LV00051BA/2763